NOTICE GÉNÉALOGIQUE

SUR LA

FAMILLE DE BOUTEVILLE

D'APRÈS LES MANUSCRITS DE

M. le Chevalier Amédée DE TERNAS

Ancien Élève de l'École des Chartes
Membre de plusieurs Sociétés savantes de France, de Belgique et d'Italie

PUBLIÉE PAR SA FAMILLE

SUIVIE

DES GÉNÉALOGIES

DES

MASSE DE COMBLES
GHESQUIÈRE DE STRADIN
LINART D'AVELUY
VAILLANT DE BOVENT DE BRUSLE
& DE PIEFFORT

DOUAI

Louis Dechristé, imprimeur breveté

RUE JEAN-DE-BOLOGNE, 1

– 1884 –

NOTICE GÉNÉALOGIQUE

SUR LA

FAMILLE DE BOUTEVILLE

2491

TIRÉE A CENT EXEMPLAIRES

TOUS NUMÉROTÉS & PARAPHÉS

$N°$ _____

NOTICE GÉNÉALOGIQUE

SUR LA

FAMILLE DE BOUTEVILLE

D'APRÈS LES MANUSCRITS DE

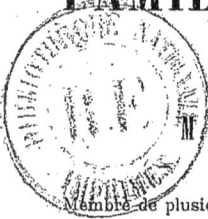

M. le Chevalier Amédée DE TERNAS

Ancien Elève de l'Ecole des Chartes
Membre de plusieurs Sociétés savantes de France, de Belgique et d'Italie

PUBLIÉE PAR SA FAMILLE

SUIVIE

DES GÉNÉALOGIES

DES

MASSE DE COMBLES

GHESQUIÈRE DE STRADIN

LINART D'AVELUY

VAILLANT DE BOVENT DE BRUSLE

& DE PIEFFORT

DOUAI

Louis Dechristé, imprimeur breveté

RUE JEAN-DE-BOLOGNE, 1

— 1884 —

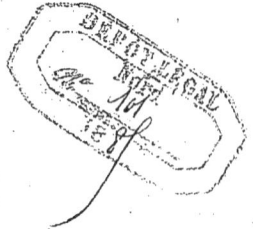

NOTICE GÉNÉALOGIQUE

SUR

LA FAMILLE DE BOUTEVILLE

PRÉFACE

Originaire de la Picardie, la famille dont nous nous occupons tire son nom du fief *de Bouteville*, situé sur la commune de *Suzanne-en-Santerre*, entre Bray et Péronne, qu'elle possédait de temps immémorial, preuve certaine d'une ancienneté fort reculée.

En effet, au moyen-âge, sous le régime féodal toute propriété foncière d'une certaine étendue se composait de deux parties distinctes : l'une, occupée par le seigneur *suzerain, le maître*, constituait le domaine ou *manoir* ; l'autre, divisée entre des personnes plus ou moins dépendantes du premier, formait ce qu'on appelait des *tenures, bénéfices ou fiefs*, et étaient possédées par des personnes *libres* qui prenaient le nom de *vassaux*. Ils

1

tenaient un rang intermédiaire entre le *suzerain* et le *serf*.

Ces derniers ne pouvaient acquérir aucune propriété.

On vit bientôt s'établir ce principe que la noblesse était en quelque sorte inhérente à la terre, et, par conséquent, que la terre devait transmettre naturellement à ses possesseurs la noblesse seigneuriale. Ce privilége fut si bien accepté que la possession prolongée d'un fief finissait par anoblir le roturier.

Une ordonnance de Saint Louis, datée de 1270, est ainsi conçue :

« *La noblesse s'acquiert par tierce-foi, c'est-à-dire qu'un roturier acquérant un fief, ses descendants seront nobles au troisième hommage du même fief et partageront noblement ledit fief à la troisième génération* (1). »

Plus tard, dans les derniers temps de la féodalité, le principe contraire prévalut par suite d'abus, et un roturier pouvait être possesseur d'un fief sans acquérir par là la qualité de gentilhomme (2).

On sait aussi qu'à cette époque et jusqu'à la première moitié de cette période, vers le XIe siècle, le nom patronymique proprement dit n'était point

(1) Tiré de l'*Armorial général de France*, de d'Hozier, tome 1er, page 723.

(2) *Histoire du moyen-âge, conditions des personnes et des terres*, par Paul Lacroix, tome 1er, page 15.

encore en usage. Chaque génération en changeait à
volonté avec le prénom, auquel on ajoutait souvent
un surnom ayant rapport à sa profession, son phy-
sique, ses qualités ou ses défauts moraux.

Ce fut ainsi qu'à la longue, le même surnom
passant, par habitude, de père en fils, resta définitivement comme nom patronymique, pour le
commun du peuple.

Mais les *nobles* et les familles *patriciennes ou
haute bourgeoisie,* possesseurs de seigneuries et
fiefs prirent dès l'abord celui de leur terre principale, qu'ils conservaient tant que cette propriété
restait entre leurs mains.

De génération en génération, l'usage finit par
l'ériger en nom de famille, auquel on ajouta par
la suite ceux d'autres seigneuries nouvellement
acquises, et qui servaient souvent à distinguer les
différentes branches séparées du tronc commun (1).

Le fief *de Bouteville* resta dans la famille jusqu'à
la fin du siècle dernier, époque où il fut acheté par
les sieurs Carpeza, cultivateurs à Templeux, dont
les descendants en sont encore actuellement pro-
priétaires (2).

Elle possédait aussi un grand nombre d'autres
seigneuries ; parmi lesquelles les plus importantes
étaient celles de *Beauvoir, Omiécourt, Montroyand,
Beaurevoir, Hiencourt-le-Petit, Aubigny, Gamelon,*

(1) *Bulletin de la Société héraldique de France,* 1ʳᵉ année.

(2) Voir aux preuves.

Haveluy, Saint-Eloi, Tillois, Sacquespé, Le Metz,
dont les noms furent successivement portés par ses
différents membres.

Du Santerre, cette famille passa pour un moment
dans le Vermandois, à Saint-Quentin. On l'y trouve
vers 1470 , et dans une belle position déjà, car
on voit, en 1495, un *de Bouteville,* époux de N...
de Langaigne ; une Agnès *de Bouteville,* leur fille,
épouser, en 1515, un *de Poucques,* écuyer, homme
d'armes du château de Saint-Quentin, et un Bal-
tazar *de Bouteville* se marier à Péronne, avec la
fille du mayeur, Adrien *Le Fèvre ,* seigneur *de
Bouvincourt* (1).

Mais elle quitta peu après cette ville, lors de la
prise et du pillage qu'en firent les Espagnols, le 27
août 1557, sous le règne de Henri II, pour venir
se fixer définitivement à Péronne où elle s'est perpétuée jusqu'à nos jours.

C'est à partir de cette date que l'on peut établir
sur *titres* une filiation suivie et des plus authentiques, durant le long espace de 330 ans.

Depuis cette époque, elle n'a cessé d'occuper les
premières positions et de remplir les plus importantes charges de la ville et de la province.

(1) Nos recherches à Saint-Quentin n'ont pu fournir rien de
précis ; les registres des paroisses de cette ville ne remontant
pas au-delà de 1580. On sait, qu'en France, ce ne fut que sous
François Ier qu'un édit ordonna de tenir des registres réguliers
dans les paroisses, usage qui continua jusqu'à la Révolution.

Elle a fourni plusieurs conseillers à l'élection,
ainsi que plusieurs mayeurs de Péronne , des
contrôleurs de la gabelle , des avocats en Parlement, des chanoines aux chapitres royaux de Saint-
Léger et de Saint-Furcy, un délégué de l'intendant
à Albert, un bailly général du marquisat de cette
même ville, des procureurs du Roi à son bailliage,
un député aux Etats-Généraux de 1789. Puis, après
la Révolution, deux officiers dans les armées de
Bonaparte, un conseiller à la Cour d'appel d'Amiens
et président à la même Cour, un maire de Péronne
sous la Restauration, un sous-préfet à la même époque, deux membres des Conseils généraux de la
Somme et du Nord, un chevalier de la Légion-
d'Honneur, un chevalier de l'ordre du Saint-Sépulcre de Jérusalem et elle a été décorée du titre de
baron par le Roi Louis XVIII, pour la branche
cadette.

Enfin, par ses alliances avec toutes familles notables ou nobles de la Picardie, de l'Artois et de la
Flandre, elle se trouve fort bien apparentée dans
ces différents pays.

On rencontre ses membres qualifiés de *noble
homme* dans les actes et titres notariés dès le
milieu du XVII⁰ siècle. C'était, d'ailleurs, un droit
certainement acquis pour eux par le fait de la
charge de conseiller à l'élection ; charge qui ,
d'après un édit de Louis XIV, octroyait la
noblesse , pourvu que le titulaire exerçât pen-

dant vingt ans ou qu'il mourût dans l'exercice de ses fonctions (1).

Or, de 1610 à 1722, ils ont quatre conseillers sans interruption de père en fils : Arthus, Romain, Romain (deuxième du nom), et Laurent.

Donc ils étaient largement au-delà de la limite pour user de cette faveur, et ce ne fut sans doute que par négligence de leur part qu'ils omirent de se faire délivrer des lettres patentes afin de pouvoir porter le titre d'écuyer (2).

En outre, nous rappellerons que la charge de mayeur de Péronne avait le privilége de conférer la noblesse transmissible à ses descendants, d'après des édits accordés à différentes époques par les rois de France et en particulier par François Ier, en 1536, en récompense de la défense héroïque de la place contre les Impériaux.

(1) Déclaration du mois de décembre 1644. — Les présidents, conseillers, avocats, procureur-général et secrétaires du grand Conseil, déclarés nobles et tenus pour tels par Sa Majesté qui veut que lesdits officiers, leurs veuves en viduité et leur postérité et lignée, tant mâle que femelle, née et à naître, jouissent des priviléges des nobles de race, barons et gentilhommes du royaume, pourvu que lesdits officiers eussent servi vingt années, ou qu'ils fussent décédés revêtus desdits offices, quoique non issus de noble et ancienne race. (*Armorial* de d'Hozier.)

(2) Le Tribunal de Péronne ressortait du Conseil d'Artois, siégeant à Arras, et non de la Cour d'Amiens, depuis l'an 1237, où Robert, comte d'Artois, frère de Saint Louis, constitua cet apanage, érigé en sa faveur en comté-pairie.

Il en était de même pour les capitouls de Toulouse, et quelques autres cités du royaume (1).

Cette faveur avait été ensuite réduite à la *noblesse personnelle* par édit de janvier 1634, enregistré en la Cour des aides de Paris, le 8 avril suivant. Révoquée quelques années plus tard par Louis XIV, en vertu d'un édit de mars 1667, elle fut rétablie par lui au mois de juin 1691 et confirmée : 1° par édit du mois de novembre 1706, enregistré en Parlement le 26, à charge par les magistrats élus de payer 3,000 livres ; 2° par édit de janvier 1714, enregistré le 24 ; et 3° par arrêt du Conseil du 2 mai 1730, à la condition de payer 2,000 livres comme confirmation.

Cette dignité ainsi acquise constituait ce que l'on appelait *noblesse de robe, d'échevinage ou de privilége.*

Les armes des *de Bouteville* étaient primitivement : *D'azur au vol d'argent chargé d'un cœur du même, accompagné en chef de trois étoiles, et en pointe, d'un croissant du même ,* comme le prouve un vieux cachet en argent qui est conservé dans la branche aînée. Elles étaient décrites aussi de même dans un ancien manuscrit très authentique, datant du milieu du XVIII° siècle, dû à messire *Huet*

(1) *Abrégé de la Scïence des Armoiries,* page 378, Williun-Maigne. — Voir *Traité de la noblesse* et ses différentes espèces, par Gilles-André *de la Roque,* 1735, page 121.

d'Hébécourt, avocat à Péronne et donnant un grand nombre de documents sur toutes les anciennes familles de cette ville et des environs, avec leurs armoiries (1).

Mais Robert *de Bouteville* ayant fait enregistrer, dans l'*Armorial général* de d'Hozier, en 1696, les armes particulières qu'il avait nouvellement adoptées, ses descendants les prirent de même depuis, et ce sont celles qui sont actuellement portées dans les deux branches:

De sinople à la bande d'argent chargée d'un croissant de sable.

Supports: *Deux lions, l'écu surmonté d'une couronne de comte. La branche cadette porte une couronne de baron.*

Une autre branche existait depuis longtemps en Normandie, puis, de là, en Bretagne, servant dans les armées de ses ducs, et arriva rapidement à une grande illustration.

Sa filiation a pu être rapportée ici, à partir d'une

---

(1) Nous avons puisé, dans ce curieux manuscrit, plusieurs renseignements qui sont venus à l'appui de notre travail.

Il avait pour titre: « Preuve de la généalogie des *Huet* et de leurs femmes, fait par moi, Jean-Jacques *Huet,* avocat en Parlement, l'an 1760. »

Avant 1870, il était encore la propriété de la petite-fille de l'auteur, Mme *Le Blanc,* née *Masse de Comble,* qui a bien voulu le mettre à notre disposition. Depuis, il fut brûlé durant le bombardement de la place en janvier 1871.

date fort reculée, grâce à un crayon généalogique, manuscrit très ancien et d'une authenticité certaine, que nous avons eu la bonne fortune de trouver dans des archives privées.

Nous le rendons textuellement sans y rien changer, avec ses quelques imperfections au point de vue de la science de la généalogie, afin de lui laisser son cachet d'ancienneté.

On peut y constater les belles alliances qu'elle fit avec les meilleures familles du pays, dont quelques-unes existent encore.

Plusieurs de ses membres se distinguèrent à différentes batailles et furent créés chevaliers par leur souverain, dès l'an 1420, durant les guerres de succession.

Le premier que l'on connaisse est Jean *de Bouteville*, venu de Normandie, au service de Charles de Blois, en 1330 ou 1340; puis, un autre Jean *de Bouteville,* chambellan du duc de Bretagne, en 1484.

Ils possédaient les seigneuries du *Faouët, Kerjou, Kerjent, Feins, Coëtquenan* et le vicomté de *Barragan.*

Leurs armes étaient d'abord :

D'argent à cinq fusées de gueules, posées en fasce. Puis elles adoptèrent celles de la famille *du Faouët,* dont la dernière héritière fut épousée par l'un d'eux, vers 1350, et qui étaient :

Ecartelé aux un et quatre de... au lion de... et aux deux et trois fascé de six pièces, qui est *du Faouët.*

Malgré toutes nos recherches, nous n'avons pu parvenir à les rattacher d'une manière sérieuse à ceux de Picardie. On les croit, du reste, éteints au XVIIe siècle, en la personne de François *de Bouteville,* baron *de Pardieu.*

Ce n'est donc que sous toutes réserves et à titre de document curieux que nous les donnons ici.

De l'étude de ces deux familles, il ressort clairement la remarque suivante : la première, vouée au brillant métier des armes, s'y distingue dès l'abord par sa vaillance, ses actions d'éclat, et reçoit en récompense des titres, des honneurs, et les premières dignités de la province ; tandis que la seconde, destinée à la carrière plus paisible de la magistrature, s'y adonne de père en fils, avec dévouement, s'oubliant pour ainsi dire dans l'exercice de ses modestes mais honorables fonctions, et ne briguant ni titres ni distinctions.

Toutes deux d'ailleurs ayant rendu, chacune dans son genre, de réels services à leur pays et à leurs concitoyens.

L. DE T**.

GÉNÉALOGIE

~⧉⧉⧉~

BRANCHES DE PICARDIE

PREMIÈRE BRANCHE

I

N. DE BOUTEVILLE, né vers 1470, demeurant à Saint-Quentin, époux, vers 1495, de N. *de Langaigne* (1).

Dont :

> 1º Agnès *de Bouteville,* mariée à Saint-Quentin, de 1515 à 1530, à Maure *de*

---

(1) *De Langaigne,* famille du Boulonnais et de Picardie, qui fit enregistrer ses lettres de noblesse en décembre 1770, en la personne de Jean-François *de Langaigne,* seigneur *de Choquel,* habitant à Coulombi. Robert *de Langaigne,* demeurant à Abbeville, fit enregistrer ses armes dans l'*Armorial général* de d'Hozier, en 1695, qui sont : *D'or à une croix de gueules chargée en cœur d'une merlette d'argent.* (Voir le *Recueil de la noblesse d'Artois,* par le chevalier *Amédée de Ternas.* — Chez *Dechristé,* Douai, 1884).

Poucques (1), écuyer, fils cadet de Jean *de Poucques,* écuyer, homme d'armes commis à la garde des ville et château de Saint-Quentin, et de Marie *d'Auffay de Lambres* (2).

---

(1) *De Poucques,* famille d'ancienne noblesse de Picardie et du Boulonnais encore existante. Le chef actuel, M. le baron Louis *de Poucques d'Herbinghem,* chevalier de la Légion-d'Honneur, habitant au château de Licques, près de Guines (Pas-de-Calais) possède une ancienne généalogie de sa famille dont a été tiré ce renseignement. (Communication de M. le comte *du Chastel de la Howardries*).

Bertrand *de Poucques,* écuyer, seigneur dudit lieu, fit enregistrer, en 1696, dans l'*Armorial* de d'Hozier, ses armes qui sont : *D'or au lion léopardé de sable, armé et lampassé de gueules.*

(2) *D'Auffay,* famille chevaleresque de l'Artois. Le premier qui est connu est Thierry *d'Auffay,* seigneur dudit lieu, député de la noblesse au sacre de Jean-le-Bon, en 1350. Elle a fourni, en outre, un conseiller de Marguerite de France, un grand panetier de Philippe de Bourgogne, des gouverneurs de villes et châteaux-forts, des officiers dans les armées, un évêque, des prévôts de Valenciennes, des conseillers, etc. (Tiré de l'*Annuaire de la noblesse de France,* par Borel d'Hauterive, année 1857, page 236).

Armes : *D'argent à trois pots à deux anses de sable, au franc canton de gueules, au lion d'argent.* Cimier : *Un buste de Maure habillé de gueules, tortillé d'argent.*

II

Balthazar DE BOUTEVILLE, seigneur dudit lieu (1), né à Saint-Quentin vers 1500, abandonna cette ville après la prise et le pillage qu'en firent les Espagnols, le 27 août 1557, sous le règne d'Henri II, et vint se fixer à Péronne. Il mourut, vers 1573 (car ses enfants partagent ses biens le 18 février de cette année), après avoir épousé Marguerite *Le Fèvre* (2),

---

(1) Le fief de Bouteville, était situé sur la commune de Suzanne-en-Santerre, près Bray et Péronne.

(2) *Le Fèvre* porte : *D'or à un pal d'azur chargé de trois billettes d'argent.* (D'Hozier, *Armorial général de France, Picardie*, page 239).

Cette famille semble fort ancienne, car on la trouve citée, dans les annales de Péronne dès 1358, comme étant à la tête des *notables* de la ville. (*Histoire de Péronne*, par M. Dournel, p. 105).

Elle paraît aussi dans la liste des *nobles* de la Picardie qui signèrent l'adhésion à la Ligue sous Henri III, en 1577. (Même histoire, p. 230, par M. de Sachy.)

Une dame Marie *Le Fèvre*, veuve du sieur *Louvel de Fontaine*, écuyer, mayeur de Péronne, conseiller du Roi, fonda le couvent des Ursulines de cette ville en 1670. (Même histoire, par M. Dournel).

fille d'Adrien, écuyer, seigneur de Bouvincourt, du Fascq et de Morlemont, mayeur de Péronne en 1538, 1549, 1550 (1), député de cette ville aux Etats-Généraux tenus à Orléans, en 1560 et 1567 (2). Marguerite *Le Fèvre* paraît comme veuve dans le contrat de mariage de son fils, en 1595 (3). (Archives d'Hornaing).

Ils laissèrent deux enfants :

1o Arthus *de Bouteville* qui suit ;

2o Hélène *de Bouteville,* mariée à Toussaint *Valois,* notaire royal à Saint-Quentin; lequel stipule comme gendre, mari, beau-frère, dans le contrat de mariage de 1595 et fait un partage avec ses frères et sœurs, le 18 février 1573, devant maître Marlières, notaire à Péronne.

---

(1) Voir Colliette, *Mémoires du Vermandois,* imprimés chez Samuel Berthoud à Cambrai, 1771, tome III, page 472.

(2) Voir *Recueil de pièces* concernant les Etats-Généraux, Paris, 1789, tome II, page 17, et Augustin *Thierry,* Tiers-Etats, 2e appendice, 2e liste, et *Histoire de Péronne,* par M. de Sachy).

(3) Archives du baron *de Bouteville.*

La famille *Valois* était d'Arras et portait
pour armes : *De sable, au chevron d'or
accompagné de trois merlettes du même.*
On trouve, en 1401, une Jeanne *Valois* qui
y épouse un Jean *de Sacquespée*, d'une
famille noble, reçu *bourgeois* de cette
ville en 1396 (1).

(Tiré de la généalogie de cette dernière famille, par
M. Merghelink, à Ypres).

---

(1) La qualité de *bourgeois* d'une cité, à cette époque, donnait droit à certains priviléges que n'avaient point les étrangers ; comme de faire partie des échevinages, des milices, des confréries, etc. Les nobles ne dédaignaient point de se faire inscrire sur les registres aux *bourgeois* à leur arrivée dans une ville.

III

Arthus DE BOUTEVILLE, seigneur dudit lieu, avocat, puis conseiller du Roi à l'élection, contrôleur des deniers de la gabelle (ou grenier à sel de Péronne), né à Saint-Quentin, vers 1550, mort à Péronne, fut inhumé le 16 septembre 1631, dans la chapelle Saint-Jacques de l'église Saint-Jean-Baptiste. Il avait épousé, par contrat passé en février 1595, Marie *Le Caron* (1), fille de Furcy, *bourgeois* de Péronne, et de Marie *du Pire* (2).

---

(1) Cette famille paraît dans la liste des nobles de la Picardie qui signèrent l'adhésion à la Ligue sous Henri III en 1577. (Histoire déjà nommée par M. de Sachy). Elle s'est perpétuée depuis en Picardie jusqu'à nos jours, sous le nom de *Le Caron de Chocqueuse.*

En 1696, un *Le Caron,* écuyer, seigneur de Chocqueuse et de Marieux, était conseiller vétéran au bailliage présidial d'Amiens. Un autre membre a épousé, au commencement de ce siècle, Mlle *Le Carlier d'Herly,* dont le père, seigneur d'Herly, près Nesle, vendit cette belle propriété avec son château, en 1818, à M. Jean-Charles *de Bouteville,* maire de Péronne.

Armes : *D'argent, à un chevron de gueules, accompagné en pointe d'un trèfle de sinople.* (D'Hozier).

(2) *Du Pire,* famille de magistrature du Soissonnais et d'Artois, anoblie en 1597 à Arras. (Voir le *Recueil de la no-*

Celle-ci avait pour sœur Marguerite *du Pire*, mariée à Robert *Choquel de Courcelette*, mayeur de Péronne, en 1594, 1595, 1596, député de cette ville aux Etats-Généraux de Blois, en 1577 et 1588, mort en 1596.

Son fils, Robert *Choquel de Courcelette*, fut aussi mayeur de Péronne en 1610, et député aux Etats-Généraux de Blois en 1614, les derniers qui furent tenus jusqu'à ceux de 1789, de Paris.

Ses armes étaient: *D'azur, à un arbre arraché d'or, chargé sur son feuillage d'un monde d'azur ceintré et croisé d'or.*

On trouve, dans l'*Armorial* de d'Hozier, un Antoine *Choquel*, enseigne des gardes de *Monsieur*, frère du Roi, qui y fit enregistrer les mêmes armes en 1696.

---

blesse d'Artois, par M. A. de Ternas). On trouve un Charles *du Pire*, conseiller au bailliage et siége présidial de Soissons vers le milieu du XVIIe siècle. Un autre membre de cette famille, Charles *du Pire*, fut également conseiller au présidial de Soissons, et fit enregistrer ses armes dans l'*Armorial* de d'Hozier, en 1696, qui sont: *D'azur à un chevron abaissé d'or, surmonté d'une grappe de raisin de sable tigée et feuillée de sinople, accompagnée en chef de deux lions d'or, et en pointe, d'une croix ancrée de gueules.*

Les *Choquel* étaient parents du bienheureux Saint Roch. (Manuscrit Huet d'Hébécourt.)

Arthus *de Bouteville* et Marie *Le Caron* laissèrent quatre enfants :

1o Romain *de Bouteville* qui suit ;

2o François *de Bouteville*, capucin à Péronne (1) ;

3o Antoinette *de Bouteville*, morte, le 20 janvier 1630, après avoir épousé Robert *Vasset*, conseiller du Roi à l'élection, mort le 26 mai 1633, laissant quatre enfants :

A. Jean *Vasset*, marié à Antoinette *Le Père*, à Saint-Quentin (2) ;

---

(1) Les Capucins vinrent s'établir à Péronne, le 3 mai 1610, et se logèrent dans l'ancien hôtel de Piennes qui leur fut cédé moyennant 7,800 livres, sous la caution de MM. Vaillant et Arthus *de Bouteville*. Après la réforme de cet Ordre, et dans le même temps, l'évêque de Noyon leur en demanda une colonie. Saint-Quentin suivit cet exemple, et ainsi, de Péronne, l'Ordre se répandit dans le Vermandois.

(2) *Le Père*, à Saint-Quentin, portait : *D'azur à un pélican d'or posé sur un ancre de même.* (D'Hozier.)

B. Françoise *Vasset*, mariée à Jean Caudron, avocat du Roi, officier de la
gabelle, au grenier à sel de Péronne,
(charge qui consistait dans la direction et la perception des impôts établis
sur le sel par les rois de France, et en
premier lieu par Philippe-le-Long,
vers 1318) ;

C. Claudine *Vasset* ;

D. Marie *Vasset* ;

4º Arthus *de Bouteville,* deuxième du nom,
prêtre religieux capucin.

IV

Romain DE BOUTEVILLE, seigneur dudit lieu, qualifié de *noble homme* dans un acte d'achat du 5 décembre 1647, passé par devant Mᵉˢ Jacques *Witte*
et Pierre *Ducroc,* notaires à Péronne, avocat, puis
conseiller du Roi à l'élection, contrôleur de la
gabelle au grenier à sel de Péronne, servit, le 8
février 1661, un relief pour trois fiefs contenant
douze journaux, à Charles *d'Ailly,* duc de Chaulnes,
pair de France, gouverneur et lieutenant-général
pour le Roi des ville et citadelle de Doulens. Ces
trois fiefs lui étaient échus par le décès de Marie
Le Caron, sa mère. (Partage du 26 juin 1646.)
Romain *de Bouteville* mourut, le 19 décembre
1673, et fut inhumé dans la chapelle Notre-Dame de
l'église paroissiale de Saint-Jean-Baptiste. Il avait
épousé, le 3 août 1627, par contrat passé à Albert,
Marie *Quignon* (d'Amiens), morte le 11 septembre
1748, fille de Louis *Quignon,* conseiller du Roi, substitut du présidial d'Amiens (1), et de Françoise *de*

---

(1) *Quignon :* Armes : *De gueules à cinq bandes d'argent.*

Pieffort (1), laquelle était fille de Nicolas, capitaine du château-fort d'Ancre (depuis Albert) et receveur dudit marquisat (2).

Ils eurent onze enfants :

1º François *de Bouteville*, seigneur en partie du fief de Beauvoir (3), curé de Cléry, près Péronne, puis chanoine de Saint-Furcy, eut ses armes enregistrées d'office à l'*Armorial général de France* de d'Hozier,

---

(1) *De Pieffort* porte: *D'azur à deux lions armés et lampassés d'argent affrontés, au chef de gueules chargé de trois trèfles d'argent.* (Voir la généalogie ci-après.)

(2) On sait que le fameux Concini, maréchal d'Ancre, ministre de la reine *Marie de Médicis*, acheta le marquisat d'Ancre, et qu'après sa disgrâce il fut donné en apanage, par le roi Louis XIII, à Albert de Luynes, son favori. Le nouveau possesseur lui fit changer de nom et lui donna le sien, Albert, que la ville a conservé depuis.

(3) Le fief de Beauvoir, situé près de Doulens, consistait en trente-deux mencaudées de blé et trente-deux mencaudées d'avoine, grande mesure d'Arras, à prendre sur la cause de Beauvoir, l'abbaye appartenant en propriété à l'abbaye de Cercamps, et affectée au revenu de cette abbaye; il était estimé, en 1746, cinq cents livres, pour un cinquième, d'après un bail du 31 mai 1635. Il l'avait hérité de sa tante Françoise *de Bouteville*, et les autres cinquièmes étaient échus à Laurent-Romain *de Bouteville*. (Partage du 7 mars 1746. Archives d'Hornaing.)

1697, folio 694, recto, article 139, volume coté Picardie, manuscrit de la *Bibliothèque nationale*, le 16 juillet 1680. Il servit un relief à Charles *d'Ailly,* duc de Chaulnes, pair de France, vidame d'Amiens, chevalier des ordres du Roi, gouverneur et lieutenant-général des pays et duché de Bretagne, baron de Briet, seigneur de Saint-Christ, Foucquencourt, pour trois fiefs, contenant douze journaux, le premier situé au terroir de Bovent, pour un autre, situé à Herleville, relevant tous les deux du duché de Chaulnes, et le troisième situé aussi au terroir de Foucquencourt, venus et échus audit François *de Bouteville* par le décès *de noble* Romain *de Bouteville,* vivant conseiller du Roi, contrôleur de la gabelle au grenier à sel de Péronne, son père (1). Il était né à Péronne le 30 août 1629, et mourut le 14 juin 1705 ;

2º Romain *de Bouteville, noble homme,* conseiller du Roi, contrôleur de la gabelle au

_____

(1) Archives de la famille *de Bouteville,* château d'Hornaing.

grenier à sel de Péronne, alors conseiller en l'élection, puis receveur à Vilmoreuil, en Brye, né à Péronne, le 18 octobre 1632, mort à Vilmoreuil, le 14 novembre 1699, après avoir épousé, le 20 juin 1561 (1), Marie-Anne *Caudron* (2), fille de Jean, avocat du Roi, receveur de la gabelle au grenier à sel, et de Françoise *Vaslet* ou Vasset, sa cousine;

Dont un fils qui suit:

Laurent-Romain *de Bouteville*, seigneur de Beauvoir en partie, conseil-

---

(1) Cet acte se trouve seulement sur la table du registre de Saint-Jean à Péronne.

(2) *Caudron* portait: *D'or à trois chaudrons de sable* (D'Hozier); alias: *D'or à une barre de sinople chargée d'une mollette d'argent* (D'Hozier). Famille native de Douai. Une branche vint se fixer à Péronne où elle exerça différentes charges honorables. Celle de Douai y possédait la seigneurie de *Cantin,* située dans ses environs. François *Caudron,* seigneur de *Cantin,* né à Douai, en 1649, était chef d'une confrérie d'horticulture dont l'histoire a été publiée par M. Amédée de Ternas, en 1870. Ses armes sont décrites dans le manuscrit de la Société. Pierre *Caudron,* seigneur de *Cantin,* fit enregistrer les mêmes armes dans l'*Armorial* de d'Hozier, en 1696. Il épousa Marie *James.* Isambard *Caudron,* seigneur de *Cantin,* son fils, épousa, à

ler du Roi, contrôleur de la gabelle au grenier à sel, mort le 11 décembre 1822, sans laisser d'enfant de sa femme Marie-Anne *Cordette ;*

3º Marie *de Bouteville,* née à Péronne, le 26 août 1634, morte en bas-âge ;

4º Marguerite *de Bouteville,* née à Péronne, le 1er décembre 1535, mariée le 23 août 1663, à Robert *Lescars* (1), qui devint ensuite prêtre et chanoine du chapître de *Saint-Furcy,* fils de Charles et de Marie *de Pincepré d'Eterpignieul* (2) ;

Douai, Françoise *de Villers* (*), dont il eut onze enfants qui se perpétuèrent jusqu'à la Révolution, époque où ils disparurent.

(1) *Lescars : De gueules à une croix d'argent chargée en cœur d'une merlette d'azur.* (D'Hozier, *Armorial général.)*

(2) *De Pincepré d'Eterpignieul,* écuyer, portait : *D'or à un pin de sinople, fruité de deux de ses pommes de sable, et en chef de gueules, chargé d'un croissant d'argent accosté de deux étoiles d'or.* Famille de magistrature qui a donné plusieurs mayeurs à la ville de Péronne et qui portait le titre d'écuyer dans les actes. L'an 1608, Jacques de Pincepré d'Eterpignieul,

(*) *De Villers,* famille noble de Valenciennes et Douai, portait: *D'argent à la croix de gueules chargée de cinq étoiles d'or, ou de sinople au chevron d'or, accompagnée de deux étoiles d'or en chef et d'une tête de bœuf en pointe aussi d'or.* (Manuscrit par M de Sars de Saulmon.)

Dont une fille :

Marie *Lescars*, mariée, le 13 mars 1682,
à Daniel *Masse*, écuyer, seigneur du
Priez et de Comble-sur-France (1),
conseiller du Roi, élu en l'élection,
ancien capitaine au régiment de milice-Picardie, mort le 18 février
1711 , fils de Jean , seigneur de
Comble, lieutenant d'infanterie, et de
Madeleine *Hugot* (2), dont postérité ;

écuyer, passe un acte de vente de terre à Fricourt et à Montauban, contre son cousin, Jean Dournel, licencié en droit,
avocat en Parlement à Péronne.

Un *de Pincepré*, seigneur de *Hauteville* et *Buire*, fut député aux Etats-Généraux de 1789, en même temps qu'un *de
Bouteville*, seigneur *du Metz*, comme représentants de Péronne et Montdidier.

(1) *Masse de Comble* et *du Priez* : Armes : *D'azur, aux deux
masses d'argent en sautoir, surmontées d'une étoile de même.*

Cette famille, native de Péronne, fournit un mayeur à la ville
et presque tous ses membres servirent comme officiers dans les
armées françaises ; plusieurs furent nommés chevaliers de Saint-
Louis et de la Légion-d'Honneur et portaient le titre d'écuyer.

Les *Masse de Comble* étaient depuis le XVIIe siècle, seigneurs du Priez, de Comble, d'Orgival, de la Barre et autres
lieux. (Voir la généalogie ci-après aux preuves.)

(2) *Hugot* : *De gueules, au chevron d'argent, accompagné
de deux étoiles de même et d'une hache aussi d'argent, en
pointe.*

5° Françoise *de Bouteville,* dame *de Beau-voir* en partie, née à Péronne, le 4 octobre 1638, morte à Paris en 1695, fut inhumée à Saint-Paul ;

6° Jean *de Bouteville,* qui suit;

7° Robert *de Bouteville,* contrôleur de la gabelle au grenier à sel de Péronne, où il était né le 23 août 1643, mort en célibat;

8° Marie *de Bouteville,* née le 20 novembre 1644, morte en bas-âge ;

9° Anne *de Bouteville,* née à Péronne le 12 février 1646, morte sans alliance ;

10° Marie *de Bouteville,* née le 15 août 1647, morte en bas-âge ;

11° Marie-Thérèse *de Bouteville,* née à Péronne, morte le 3 décembre 1680, avait épousé, le 28 janvier 1670, Abraham-Furcy *Le Tellier,* seigneur *d'Hébécourt* (1),

---

(1) *Le Tellier,* famille de Péronne qui donna plusieurs mayeurs à la ville. Elle possédait le vicomté *d'Hébécourt* et de *Hautteloge,* et les fiefs de *Gisors, Grécourt, Chuignolles, Courcelles, Champieng* et *Curlu,* dont certains de ses membres prirent les noms.

La charge de secrétaire du Roi, acquise en 1776 par Claude-

mayeur de Péronne en 1696 et 1697, fils de Jacques, seigneur du vicomté d'Hébécourt et d'Hautteloge, et de Catherine *de Gauchin* (1). Abraham-Furcy *Le Tellier* était veuf sans enfants d'Anne *d'Avesnes* (2) qu'il avait épousée le 13 janvier 1663.

Il eut plusieurs enfants du second lit, parmi lesquels :

Nicolas *Le Tellier de Gisors,* seigneur de *Grécourt,* lui valut ainsi qu'à ses descendants le titre d'écuyer et la noblesse.

Armes : *D'azur au chevron d'or, accompagné en chef de deux besans d'argent et en pointe d'une licorne naissante de même, au chef de gueules, chargé de trois étoiles d'or, rangées en fasce.*

(1) *De Gauchin : D'azur à trois têtes de licornes contournées d'argent.*

Un de ses ancêtres s'était distingué par son dévouement durant une terrible épidémie en sa ville natale, l'an 1632. (Voir l'*Histoire de Péronne,* par M. de Sachy.)

(2) *D'Avesnes : De gueules, à la croix ancrée d'argent accompagnée de quatre coquilles d'or, au croissant d'argent et deux étoiles d'or ;* alias : *D'argent, au lion diffamé de sable.*

Une tradition donne ainsi l'explication de ces armes singulières. En 1245, Saint Louis condamne la famille *d'Avesnes,* habitant déjà Péronne, pour avoir mal parlé de leur mère, à porter désormais le lion de leurs armes avec la langue et les griffes coupées. (*Histoire de Péronne.*)

A. Elisabeth *Le Tellier*, religieuse, puis supérieure des Ursulines de Péronne, sous le nom de sœur Augustine, née le 3 juillet 1678, morte le 24 février 1733 ;

B. Marie-Charlotte *Le Tellier*, mariée à Vincent *Le Brethon du Plessis*, seigneur *de la Motte*, avocat en Parlement, mayeur de Péronne en 1693, 1720 et 1721, dont les armes étaient : *D'azur à un phénix, les ailes étendues, d'or, sur un bûcher du même, tenant en son bec un brin de palme d'or, accompagné en chef d'un soleil d'or à dextre et d'un croissant du même à sénestre ;*

C. Florimond *Le Tellier*, seigneur *d'Hautteloge* et *Gisors*, président au grenier à sel, mayeur de Péronne en 1726, lieutenant civil et criminel en l'élection, puis conseiller du Roi.

V

Jean DE BOUTEVILLE, seigneur dudit lieu, d'Aubigny, Gamelon, qualifié de *noble homme* dans l'acte
de naissance de son fils Robert, en 1670, et dans
différents actes de 1684, 1685, avocat au Parlement
de Paris, receveur des consignations, mayeur de
Péronne en 1698, 1699 (1). Il était né dans cette
dernière ville, paroisse Saint-Jean-Baptiste, le 1er
mars 1640 et y fut inhumé dans la chapelle de la
Vierge, même paroisse, le 4 janvier 1718. Il avait
épousé à Péronne, le 23 avril 1663 (contrat du 22
du même mois), Marie *Lescars* (2), fille de Charles
et de Marie *de Pincepré* (3), morte le 24 février

---

(1) Voir Colliette, *Mémoires du Vermandois,* déjà cité tome
III, page 473.

(2) *Lescars : De gueules, à une croix d'argent, chargée
en cœur d'une merlette d'azur.* (D'Hozier.)

(3) Elle était fille de Robert de Pincepré, d'Éterpigneul,
écuyer, mayeur de Péronne, de 1656 à 1669 et 1674. Armes:
*D'or à un pin de sinople fruité de deux pommes de sable et
d'un chef de gueules au croissant d'argent accompagné de
deux étoiles d'or.*

1676, enterrée auprès de son mari, lequel avait fait son testament le 20 mai 1708, et des codiciles en 1714. (Archives du château d'Hornaing).

Dont :

1º Jean-Romain *de Bouteville*, seigneur de Beauvoir en partie, sur l'abbaye de Cercamps, qu'il hérita par le testament de son père de 1714, né à Péronne le 27 août 1664, prêtre et chanoine du chapître royal de Saint-Léger, agrégé de la collégiale de Saint-Furcy. Il fit enregistrer ses armes, comme chanoine, dans l'*Armorial général* de d'Hozier en 1696, folio 696, article 140, qui étaient : *D'or, à un pal de sinople chargé d'une croisette d'argent ;*

2º Marie-Thérèse *de Bouteville,* née à Péronne le 16 octobre 1665, morte le 29 octobre 1672 ;

3º Jeanne *de Bouteville,* née à Péronne le 4 février 1667, morte le 26 avril 1668 ;

4º Joseph *de Bouteville,* seigneur de Beauvoir en partie, avocat en Parlement, rece-

veur des consignations, né à Péronne le
21 octobre 1663, mort en célibat le 27 avril
1696 ;

5o Anne *de Bouteville,* née à Péronne le
25 septembre 1669, morte le 9 octobre
1672 ;

6o Robert *de Bouteville,* qui suit;

7o Jacques *de Bouteville,* prêtre licencié
en théologie, chanoine de la collégiale
royale de Saint-Furcy, né le 29 avril 1672,
mort en 1735 ;

8o Claude *de Bouteville,* seigneur de Beaurevoir (1), avocat en Parlement, receveur
des consignations de Péronne, né dans
cette ville le 13 juin 1674, mort subitement
le 13 mars 1742, fut inhumé en l'église
Saint-Jean. Il avait épousé, le 4 février
1704, Hélène *François* (2), fille de Quentin

---

(1) Il est qualifié ainsi dans un acte du 21 juin 1732.

(2) *François :* Famille originaire du Soissonnais. Armes :
*D'azur à une fasce d'argent, accompagnée en chef d'une
croix alisée d'or et en pointe d'un faon d'or sur une terrasse
de même.*

et de Marguerite *Auberlique* (1), laquelle était fille de Louis, conseiller du Roi à Péronne, qui fit enregistrer ses armes dans l'*Armorial* de d'Hozier, en 1696 ;

Ils eurent quatre enfants :

A. Jean-Baptiste *de Bouteville*, seigneur de Beaurevoir (pour une partie), né à Péronne le 27 novembre 1704, mort le 11 juillet 1705 ;

B. Claude-Charles-Romain *de Bouteville*, seigneur de Beaurevoir, né à Péronne le 3 novembre 1707, mort sans alliance ;

C. Charlotte-Thérèse *de Bouteville*, dame de Beaurevoir (pour un cinquième), née à Péronne le 3 avril 1709, morte le 2 mars 1774, inhumée

---

(1) *Auberlique: D'argent, au coq hardi de carnation et au chef d'azur, chargé de trois étoiles d'argent. Alias : bandé et contre-bandé d'or et de sable de quatre pièces, chargée chacune d'une merlette de l'un en l'autre.* (D'Hozier, page 168, *Picardie*.)

à l'église Saint-Jean. Elle avait épousé,

le 28 août 1742, paroisse Saint-Jean,

à Péronne, Louis-Furcy *Hanicque* (1),

---

(1) *Hanicque :* Armes : *D'or à la fasce d'azur, accompagnée de trois roses de gueules.* Famille de magistrature, originaire de Roye et de Montdidier, qui a occupé nombre de charges les plus honorables de la ville de Péronne.

Elle est mentionnée, en la personne de F. *Hanicque,* dans la liste des nobles de la Picardie qui signèrent l'adhésion à la Ligue sous Henri III, en 1577. (*Histoire de Péronne,* par M. de Sachy.)

On sait que la fameuse Ligue, dite aussi *Sainte-Union,* prit naissance à Péronne même, et que le formulaire qui la constituait fut signé dans cette ville, en 1577, à l'instigation du cardinal de Lorraine, dans le but de défendre les catholiques contre les huguenots. L'autorité en fut confiée au duc de Guise, mais Henri III eut la faiblesse de s'en déclarer le chef, croyant par là apaiser les esprits, et c'est ce qui le perdit.

On trouve à la fin du XVIIe siècle un Henri *Hanicque,* écuyer, conseiller du Roi, lieutenant criminel de robe courte au bailliage de Montdidier (père de René cité plus haut); puis Jean *Hanicque,* écuyer, seigneur d'*Herquelines,* qui fit enregistrer ses armes dans l'*Armorial* de d'Hozier, en 1696.

Antoinette *Hanicque,* épouse de François *de Vaudricourt,* écuyer, seigneur de *Laleu,* qui portait pour armes : *De gueules à l'orle d'argent.* (D'Hozier.)

Une autre dame, Marie-Thérèse *Hanicque,* veuve *de Bouteville,* ayant recueilli et élevé à ses frais quelques orphelins en 1789 et 1790, l'échevinage de Péronne lui vota des félicitations et des remerciements. (Tiré de l'*Histoire de Péronne sous la Révolution,* par M. Ramon.—Imprimé chez Quentin.)

seigneur *d'Herquelines,* écuyer, natif
de Roye, avocat en Parlement, receveur des consignations de Péronne,
né le 2 octobre 1702, mort le 1er
février 1769, fils de René-Pierre,
écuyer, conseiller du Roi, lieutenant
criminel de robe courte au gouvernement de Péronne et de Montdidier, et de Catherine *Vaillant de
Bovent* (1), laquelle était fille de
Claude, seigneur d'Hervilly et autres
lieux, conseiller du Roi, lieutenant-
général au gouvernement de Péronne, et de Catherine *Lévêque.*

Cette dernière était femme auteur et
poète assez connue en son temps.

---

(1) *Le Vaillant* ou *Vaillant,* seigneurs d'Hervilly, de Buissy,
de Bovent, de Brusle. Cette famille paraît être originaire de
Noyon et Chaulny. On trouve, en effet, vers l'an 1696, un Simon
Vaillant, conseiller du Roi, assesseur en la ville de Chaulny;
un autre, mayeur de cette ville à la même date; Louis *Vaillant,*
prêtre, docteur en Sorbonne, chanoine de la cathédrale de
Laon; Marie *Vaillant,* épouse de Bon *Le Clerc,* président et
lieutenant-général au bailliage et siége présidial de Laon; Charles *Vaillant,* prêtre, chanoine de Saint-Martin, à Chaulny.
(D'Hozier.) Elle a aussi occupé de nombreuses charges à Pé-

Ils eurent deux enfants:

a. Charles-Louis-Furcy *Hanic-*
que, né à Péronne le 2 août
1747, mort en bas-âge;

b. Marie - Thérèse, - Françoise
Hanicque, née le 13 janvier
1751, morte le 13 octobre 1812,
après avoir épousé, en 1770,

---

ronne, entr'autres celle de lieutenant-général au bailliage, occupée par *Messire* François *Vaillant de Bovent*. Dans un acte
de 1666, passé devant Mᵉ Labbé, notaire à Péronne, l'un de ses
membres est ainsi désigné: *Noble homme,* Jean *Vaillant,* conseiller du Roi au gouvernement et prévosté de Péronne, époux
de *noble demoiselle* Marguerite *de Mametz* (*), laquelle avait
pour frères, *noble homme* Joachim *de Mametz, bourgeois* de
Saint-Quentin, et *noble homme* François *de Mametz*, avocat en
Parlement et siéges royaux de Péronne.

Les *de Mametz,* originaires de Saint-Quentin, eurent plusieurs magistrats à Péronne.

Le chef actuel de la famille *Vaillant* qui s'est perpétuée jusqu'à nos jours est M. *Vaillant de Brule,* demeurant au château
de Fresnes, près Péronne. (Voir la généalogie ci-après).

Armes: *D'argent à trois têtes de maures contournées de sa-*
ble, tortillées d'argent posées deux et une, ou bien d'or à
trois têtes de morts de cimetière de sable posées deux et une.
Devise: *Fortis est mors.*

(*) *De Mametz* porte: *D'azur, à un chef bandé de gueules et d'argent de*
six pièces... (D'Hozier.)

Jean - Baptiste - Charles - Paul
de Bouteville, seigneur dudit
lieu et d'Omiéricourt, Montroyant, Hiencourt, etc., son
cousin, rapporté ci-après.

D. Claude-Cécile *de Bouteville*, dame
de Beaurevoir, née à Péronne le
18 juin 1721, morte le 20 novembre 1743, sans alliance, âgée de
trente-deux ans ;

9o Marie-Anne *de Bouteville*, née à Péronne
le 26 septembre 1676, religieuse professe
le 25 septembre 1693 à l'abbaye de Notre-
Dame de Biache, près Péronne. Elle mourut le 20 mars 1710 chez son père, où elle
s'était retirée à cause de la misère de cette
abbaye. (Archives d'Hornaing) (1).

---

(1) L'abbaye de Biache fut fondée en 1260 par Pierre *Le Chesne* ou *Le Caisne*, chanoine de Saint-Furcy de Péronne, et Furcy *Batte*, décédé mayeur de Péronne, qui avaient fait venir des religieuses de l'abbaye de la Brazelles-les-Annoy. Devenue trop pauvre pour pouvoir entretenir son personnel, elle fut sup-primée et réunie définitivement en 1764 à l'abbaye régulière de Notre-Dame de Farvacque. Cette dernière abbaye de l'Ordre de Cîteaux, filiation de Clairvaux, avait été fondée pour des filles, à

VI

Robert DE BOUTEVILLE, *noble homme,* seigneur dudit lieu, d'Aubigny et Gamelon, avocat en Parlement et au bailliage de Péronne, capitaine de la milice bourgeoise (d'après un partage de 1718, archives d'Hornaing), né dans cette ville le 7 janvier 1672, mort et inhumé le 17 octobre 1717 dans la chapelle de la Vierge, à l'église Saint-Jean-Baptiste.

Il avait épousé, à Albert, le 15 avril 1697, Marie-Anne *Linart,* dame de *Sacquespée* (1), morte le 19

Farvacques, en 1440, par Saint Bernard, sur la demande de *Remer,* sénéchal de Vermandois. Plusieurs fois détruite et rétablie, elle fut transférée, le 6 novembre 1648, à Saint-Quentin, où elle exista jusqu'à la Révolution.

(1) *Linart d'Aveluy,* famille native d'Ancre (depuis Albert) où elle occupait des charges élevées, telles que gouverneur du château-fort de cette ville. Elle a eu aussi bon nombre de magistrats et d'officiers dans les armées, et portait le titre d'écuyer.

Armes : *D'argent au chevron d'azur, chargé de trois besans d'argent, accompagné de deux coqs de sable affrontés en chef et d'un lion d'argent en pointe; alias: De gueules au chevron d'argent chargé de trois besans d'azur accompagné en chef de deux coqs affrontés et en pointe d'un lion d'argent.* (Voir la généalogie ci-après.)

mai 1722, fille de Jean, écuyer, seigneur d'Aveluy, Lambourg, Hochecocq, et de Michelle *Pourcelet*.

Ils eurent sept enfants :

1° Marie-Anne-Louise *de Bouteville*, née à Péronne le 8 février 1699, morte le 8 mars 1716 ;

2° Jean-Robert *de Bouteville*, qui suit ;

3° Françoise *de Bouteville*, née à Péronne le 18 février 1701, mourut en 1756, après avoir épousé, le 27 avril 1728, Jacques-Furcy *de Postel* (1), seigneur de Proyart, avocat en Parlement, mayeur de Péronne en 1744, 1745, bailly-général du comté de Chaulnes, fils de François, seigneur de Proyart, et d'Ursule *Le Mercier*, dont plusieurs enfants, parmi lesquels :

---

(1) *De Postel* porte : *D'argent au lion de sable armé et lampassé de gueules et couronné d'or*. Cette famille est originaire du Brabant où est situé le village de Postel, près Bois-le-Duc. Elle est alliée aux de Courtenay et de Tanlay. (*Le Carpentier, Histoire du Cambraisis,* tome II). Elle donna plusieurs mayeurs à Péronne dont le premier fut Jean *de Postel,* nommé en 1307, et eut aussi un grand nombre de magistrats depuis cette date reculée.

A. Claude-Catherine *de Postel*, née à Péronne le 11 juin 1732, mariée, le 20 novembre 1760, à Louis-Charles *Gaudefroy du Riez,* écuyer, secrétaire du Roi à la chancellerie de Paris, en 1776, professeur en médecine à la Faculté de Montpellier, né à Péronne le 26 novembre 1732, fils de Jean-Claude, écuyer, avocat, et de Marguerite *Frion de la Tour* (1) ;

Ils eurent deux fils :

> a. Charles-Claude *Gaudefroy du Riez,* écuyer, né à Paris le 6 mars 1763, marié à N. *Le Merchier ,* veuve *de Pincepré* (2);

---

(1). *Frion de la Tour ,* de *Méry,* d'*Hyencourt,* famille de Péronne qui portait : *D'or à trois fasces ondées d'azur.* (D'Hozier.)

(2) *Le Merchier,* d'ancienne noblesse d'Artois, portait le titre de chevalier dès 1500, ayant été anoblie en 1471. Alliée aux *de Hénin-Liétard, du Fay, de Louvel, de Bourgogne, de Briois,* etc.

Armes : *Ecartelé au un d'argent, semé de fleurs de lis de sable qui est du Fay, aux deux et trois fascé d'or et d'azur de*

b. Louis-Claude *Gaudefroy du Riez,* écuyer, né à Péronne le 22 mai 1766, mort en bas-âge ;

4º Marie-Thérèse-Ursule *de Bouteville,* née à Péronne le 26 avril 1703, morte le 22 février 1710 ;

5º Marie-Claude *de Bouteville,* née à Péronne le 8 mai 1707, morte le lendemain ;

6º Charles-Robert *de Bouteville,* seigneur d'Aubigny, avocat en Parlement et au bailliage de Péronne où il naquit le 9 mai 1709, et où il mourut en célibat le 3 juin 1772, fut inhumé à l'église Saint-Jean, sa paroisse ;

7º Marie-Jeanne-Paule *de Bouteville,* née à Péronne le 5 février 1711, morte le 7 mai 1745, âgée de 34 ans, fut enterrée à

---

huit pièces à trois annelets de gueules rangées en fasce, qui est de la Viefville, au quatre d'argent à trois chevrons de gueules qui est du Plessis, et sur le tout, de gueules à trois tours couvertes d'argent qui est Le Merchier.

(Voir le *Recueil de la noblesse d'Artois,* par le chevalier A. de Ternas. — Douai, chez Dechristé.)

l'église Saint-Jean. Elle avait épousé, le 7 mai 1737, Louis-François *François* (1), avocat en Parlement, conseiller du Roi, président aux Traites-Foraines de Péronne, natif de Lyhons, son parent, fils de Honoré, receveur du prieuré de Lyhons, et de Marié *Le Tellier de Gisors* (2) ;

Dont deux enfants :

A. Charles-Louis-Marie *François,* né en 1739, mort à 20 ans, en 1759, bachelier en droit ;

B. Charles-Clovis-Gabriel *François ,* né en 1743, mort en bas-âge.

---

(1) *François* porte comme plus haut.

(2) *Le Tellier* porte comme plus haut.

VII

Jean-Robert DE BOUTEVILLE, *noble homme,* seigneur dudit lieu et de Beauvoir en partie (1), Aubigny, Gamelon et Sacquespée (2), avocat en Parlement, puis conseiller du Roi, subdélégué de l'intendant de Picardie à Albert, bailly-général du marquisat de cette même ville, capitaine d'une compagnie de milice bourgeoise de Péronne où il était né, paroisse Saint-Jean, le 11 mars 1700.

Il mourut à Albert le 28 novembre 1753 et y fut inhumé dans l'église de cette paroisse. Son acte de décès qui se trouve aux archives de cette ville est

---

(1) D'après un partage du 21 avril 1772. (Archives du château d'Hornaing.)

(2) Ce fief, d'après ce même partage de 1772, était situé à Henancourt et relevait du château d'Albert. Il contenait cinquante-sept journaux de terre à labour pour une moitié. L'autre moitié appartenait à Charles-Robert *de Bouteville d'Aubigny.* Ce fief avait haute, moyenne et basse justice et droit de champart sur vingt-huit journaux de terre qui étaient à sa mouvance et qui rapportaient en outre quarante-cinq septiers, douze boisseaux et trois livres comme droits seigneuriaux.

signé comme témoins par *Messires d'Orgeville*, avocat au bailliage de Péronne, et Claude *Bouteville d'Aubigny*, avocat en Parlement.

Il avait épousé, le 13 avril 1728, Marie-Anne-Catherine *Gaudefroy du Riez*, dame de Neufvillette et d'Omiécourt en partie (1), née en 1708, native de Roye, morte en 1777, fille de Claude-Charles *Gaudefroy du Riez*, écuyer, lieutenant-criminel du Roi et de Louise *Honoré* (2), laquelle était petite-fille, du côté maternel, d'Eloi *Le Caisne*, chanoine de Saint-Furcy, fondateur de l'abbaye de Biache, et dont un des ancêtres, Nicolas *Le Caisne*,

---

(1) *Gaudefroy du Riez* portait : *De gueules à l'étoile d'argent, accompagnée de trois pastireaux (oiseaux) de même deux en chef et un en pointe, ce dernier soutenu d'un croissant d'argent.*

(2) *Honoré*, originaire de Saint-Pol, en Artois, cette famille passa à Douai vers 1600 et y acquit la seigneurie *du Locron*. Elle donna plusieurs professeurs de droit et des recteurs à l'Université de cette ville, et fut anoblie en décembre 1667 par lettres de Louis XIV. Elle s'est éteinte en 1847 en la personne de Louis *Honoré du Locron et de Varennes*, officier d'Etat-Major, chevalier de Saint-Louis.

Sa généalogie a été publiée en 1866 par M. le chevalier Amédée de Ternas. (Douai, chez Crépin.)

Armes : *De gueules, à un croissant d'or, accompagné de six croix fleuronnées au pied fiché de même, posées trois en chef, deux en flanc et une en pointe.*

fut mayeur de Péronne en 1264, 1266, 1268, 1270, 1272.

Ils eurent neuf enfants :

1° Marie-Anne-Charlotte *de Bouteville,* née à Péronne le 8 mai 1731, morte sans alliance ;

2° Marie-Anne-Louise *de Bouteville,* née à Péronne le 18 janvier 1733, morte en 1761 ;

3° Jean-Paul *de Bouteville,* né le 10 janvier 1733, mort en bas-âge ;

4° Jean-Baptiste-Charles-Paul *de Bouteville,* seigneur d'Omiécourt, qui suit ;

5° Jeanne-Charlotte *de Bouteville,* dame d'Aubigny, née à Péronne le 3 mars 1737, mariée à Louis-François *François* (1), avocat en Parlement, puis conseiller du Roi, président aux Traites-Foraines de Péronne, son bel-oncle, veuf de Marie-Jeanne-Paule *de Bouteville,* morte sans

(1) *François* porte comme plus haut.

laisser d'enfant du deuxième lit, et inhumée, en 1820, à Lihons (1) ;

6° Marie-Florimonde *de Bouteville*, dame
de Neufvillette, née à Albert, paroisse
Saint-Gervais et Saint-Protais le 29 mars
1739 ;

7° Marie-Jean-Louis *de Bouteville*, seigneur de Beaurevoir, né à Albert, paroisse
Saint-Gervais et Saint-Protais, le 2 février
1740, prêtre licencié en théologie de la
Faculté de Paris, curé de l'église Saint-
Pierre à Roye, grand-vicaire du diocèse
d'Amiens, ancien chanoine de Saint-Furcy,
mort subitement le 4 août 1812.

---

(1) Une des cloches de Lihons, refondue en 1850, portait une
inscription indiquant qu'elle avait eu pour marraine ladite dame
Jeanne *de Bouteville,* épouse de M. *François,* conseiller du
Roi, mayeur de Péronne.

Le parrain était Maître Claude-Honoré *Torchon de Lihu,*
seigneur dudit lieu (dépendance de Lihons), né en 1740, avocat
en Parlement et au bailliage de Péronne.

M. et Mme *François* firent bâtir à Lihons, en 1775, une jolie
maison de campagne qui fut vendue après leur mort et est actuellement occupée par une demoiselle *Le Fèvre.* (Communication de M. *Poiré,* à Lihons, membre de la Société des anti-
quaires de Picardie.)

Son épitaphe se trouve dans l'église Notre-Dame, de Roye ;

8° Pélagie-Godefroy *de Bouteville*, dame de Beauvoir, née à Albert, paroisse Saint-Gervais et Saint-Protais, le 17 novembre 1743, morte en 1782, mariée à Robert *Forestier*, demeurant à Saint-Quentin (1) ;

9° Louis-Guislain *de Bouteville*, seigneur *du Metz*, avocat en Parlement, président aux Traites de Péronne, fut élu député des bailliages de Péronne, Roye et Montdidier aux Etats-Généraux de 1789, puis également député pour le département de la Somme au Conseil des Anciens en 1800, sous le Consulat. Entré au Tribunat après le 18 brumaire 1799 (Consulat), il fut successivement substitut du commissaire près le Tribunal de Cassation, juge à la

---

(1) *Forestier,* famille noble de Picardie et du Soissonnais qui a donné des avocats, des docteurs, des chanoines, etc., et qui porte : *D'or à trois besans d'azur deux et un.* (Voir le *Dictionnaire de la noblesse,* par de La Chenay-Desbois, page 366, et l'*Armorial* de d'Hozier, généralité de Soissons, page 205.)

Cour d'appel d'Amiens, puis président à la même Cour, et fut aussi nommé de la commission appelée à rédiger le *Code Napoléon*.

Né à Albert, paroisse Saint-Gervais et Saint-Protais, le 28 avril 1746, il mourut à Paris le 9 avril 1821, après avoir épousé sa cousine Charlotte-Henriette-Angélique *Auberlique* (1), née à Dieppe le 7 avril 1756, fille de Louis-Charles, directeur des aides de cette ville, et de Angélique *Cousin*, dont il ne laissa pas d'enfant.

Celle-ci avait pour sœur Antoinette-Pauline-Adelaïde *Auberlique*, née à Dieppe en 1759, mariée à N. *Bocquet de Liancourt*, dont deux enfants :

A. *Bocquet de Liancourt*, directeur-général des contributions à Lille, mort à Versailles sans postérité ;

B. *Bocquet de Liancourt*, général du génie, marié à N. Michelet, dont deux enfants.

----

(1) *Auberlique* porte comme plus haut.

VIII

Jean-Baptiste-Charles-Paul DE BOUTEVILLE, *noble homme*, seigneur dudit lieu et d'Omiécourt en partie (1) , Montroyant, Hiencourt-le-Petit, Aveluy, Omiécourt-Forceville, Saint-Eloy, Sacquespée, Gamelon (2), Aubigny (3), avocat en Parlement, puis nommé procureur du Roi au bailliage de Péronne,

---

(1) La seigneurie d'Omiécourt, située près de Péronne, faisait partie du marquisat de Chaulnes et relevait du Roi à cause de son château de Péronne. (Voir les titres de propriété aux preuves.)

(2) Seigneurie de Gamelon, située sur cette commune, près Corbie, propre paternel, provenant de la succession de Robert *de Bouteville*, tenue de la seigneurie de Coroy, appartenant aux prêtres de la Congrégation d'Amiens, consistait en onze journaux de terre labourable sur Gamelon, et différentes pièces situées sur Mesnil-Martinsart.

(3) Ce fief d'Aubigny, situé sur cette commune, près Corbie, propre paternel, venant également de la succession de Robert *de Bouteville*, consistait en onze journaux de terre labourable, plus droits seigneuriaux.

Jean *de Bouteville* héritait en outre la bibliothèque estimée six cent vingt-trois livres. (Partage du 7 mars 1746.—Archives d'Hornaing.)

fut installé le 3 mai 1777, et enfin conseiller du Roi.
Il était né dans cette ville, paroisse Saint-Jean, baptisé le 20 février 1736 et y mourut le 24 mai 1783,
après avoir épousé le 25 septembre 1770, paroisse
Saint-Jean, Marie-Thérèse-Françoise *Hanicque,* sa
cousine issue de germaine, née dans cette paroisse,
le 13 janvier 1751, morte le 13 octobre 1812, fille
de Louis-Furcy *Hanicque,* seigneur *d'Herquelines,*
écuyer, avocat en Parlement, puis conseiller du
Roi à l'élection, receveur des consignations, et de
Thérèse-Charlotte *de Bouteville de Beaurevoir,* rapportée plus haut.

Ils eurent quatre enfants :

1° Jean-Charles-François *de Bouteville, noble homme,* seigneur *dudit lieu, d'Omiécourt* en partie, *d'Aubigny, Aveluy, Hiencourt-le-Petit,* etc., qui suit ;

2° Louis-Charles-François *de Bouteville,* seigneur de *Beaurevoir,* né à Péronne, le
11 juillet 1772, paroisse Saint-Jean, capitaine d'infanterie, mort à l'armée, sans
alliance ;

4

3º Eugène-Marie-Robert *de Bouteville*, seigneur d'*Omiécourt* en partie, *Gamelon,
Sacquespée, Tilloy,* etc., auteur de la branche cadette qui suivra ;

4º Claude-Désiré *de Bouteville,* seigneur de
Beauvoir , décédé jeune, était né à Péronne, paroisse Saint-Jean, le 17 août
1774.

---

(1) M. Blaise *Bocquet de Liancourt ,* général du Génie,
chevalier des Ordres de Saint-Louis et de la Légion-d'Honneur, et M. *Bocquet de Liancourt,* directeur-général des
Contributions à Lille, déjà cités plus haut, avaient une sœur
nommée Caroline-Angélique, mariée à M. Alexandre *de Gonsse
de Rougeville,* propriétaire à Paris, en 1828.

Ils étaient fils de demoiselle Antoinette *Auberlique ,* sœur de
Mᵐᵉ Louis *de Bouteville du Metz.*

IX

Jean-Charles-François DE BOUTEVILLE, seigneur *dudit lieu*, d'*Omiécourt*, d'*Aubigny*, *Aveluy*, *Hiencourt-le-Petit*, etc., né à Péronne le 3 juillet 1771, paroisse Saint-Jean, officier d'Etat-Major du Génie dans les armées de Bonaparte ; puis, retiré du service militaire, il fut nommé maire de Péronne, sous la Restauration, et membre du Conseil-général du département de la Somme. Il mourut dans cette ville, le 25 février 1857, et fut inhumé à Herly (1), après avoir épousé à Arras, le 25 prairial, an XII (1804), Thérèse-Victoire-Louise *Lallart* (2), née à Arras le 11 juin 1783, morte et

---

(1) Ce fut M. *de Bouteville* qui, étant maire, eut l'honneur de recevoir et complimenter le roi Louis XVIII, lors de son passage à Péronne, en 1815. (*Histoire de Péronne*, déjà nommée.)

(2) *Lallart de Le Bucquière, de Berles et de Gommecourt.* Une des familles les plus anciennes et les plus notables d'Arras, déjà dans l'échevinage en 1508 et mayeur de cette ville en 1518.

Elle fit enregistrer ses lettres de noblesse à Versailles sous Louis XVI. (*Recueil de la noblesse d'Artois*, par A. de Ternas.)

Armes : *D'or, au chevron de gueules, accompagné de trois*

inhumée à Herly, le 26 juin 1847, fille de Henri-Bruno-Joseph, échevin d'Arras, et de Marie-Angé-lique-Joseph-Eugénie *Foubert*.

étoiles de sable en chef rangées en fasce et en pointe d'un croissant montant de même. (Sa généalogie a été publiée dans l'*Histoire de la Chancellerie d'Artois*, par le chevalier Amédée de Ternas.)

Thérèse-Louise n'avait qu'un frère, Bon-Joseph *Lallart de Gommecourt*, chevalier de la Légion-d'Honneur, maire d'Arras, député au Corps Législatif sous la Restauration, créé baron avec majorat sur la terre de Gommecourt, par lettres de Louis XVIII, en 1827, marié, à Arras, en 1824, à Marie-Justine *de Rouvroy de Libessart* (*), fille de Louis, seigneur *de Libessart* et de Anne *d'Espalungue*.

Dont :

1° Marie-Félicie, morte en célibat, à Arras, en 1860, inhumée à Gommecourt ;

2° Bon-Adalbert, baron *Lallart de Gommecourt*, né à Arras en 1824, marié au château de Chaussoy, en 1861, à Marie *de Morgan* (**), fille de Marie-Edouard, député au Corps Législatif, et de Marie

(*) *De Rouvroy porte : De sable, à une croix d'argent chargée de cinq coquilles de gueules, accolée de sinople à un lion d'argent couronné d'or, et une bande mi-partie d'azur et de gueules brochant sur le tout.* (D'Hozier, *Flandre.*)

(**) *De Morgan : D'or à trois rencontres de taureau de sable, languées de gueules, posées deux et un.*

Ils eurent quatre enfants :

1° Charles-Louis *de Bouteville,* qui suit ;

2° Edouard *de Bouteville,* avocat, né à Péronne le 9 septembre 1807, y décédé le
21 janvier 1872, sans alliance ;

3° Albert *de Bouteville,* né à Péronne le
13 décembre 1824, mort le 21 août 1825 ;

4° Clary-Hortense *de Bouteville,* née à Péronne le 29 janvier 1811, mariée à Herly,
le 15 novembre 1831, à Théobald-Constant-Joseph *Watelet de Messange* (1),

---

Foucques d'Emonville, décédée au château de Bernapré, en
1883.

Dont deux filles :

A. Marie-Caroline ;

B. Marie-Estève-Louise.

(1) *Watelet de La Vinelle, d'Assinghem* et *de Messange,*
famille de magistrature d'Arras, native de Nivelle-en-Brabant.
Elle fut anoblie par des charges de conseiller, secrétaire du Roi
au Conseil d'Artois, et de trésorier au bureau des finances de
Lille. Alliée aux familles *Becquet, Gosse de Gorre, du Pres-
soy, de Reyllis, de Lattre, Vernimmen de Winckof, de
Croix, Ghesquière de Stradin de Nieppe, de Gheus, de*

écuyer, avocat, né le 20 avril 1800, fils de
Constant-Philippe, écuyer, chevalier de
la Légion-d'Honneur, membre du Conseil-
général du département du Nord, colonel
de la Garde Nationale, maire de Nieppe, et
de Adelaïde-Marie-Joseph *Ghesquière de
Stradin*, ex-dame *de Nieppe;*

Dont :

A. Edmond-Charles-Théobald *Watelet
de Messange*, né au château de Nieppe
le 24 mars 1840, maire de Nieppe,
décoré de la médaille militaire, en-
gagé volontaire dans la guerre Franco-

Velle, du Tertre, du Toict de Trieste (vicomte), *de Joybert*
(comte), etc.

Armes : *Écartelé aux un et quatre d'azur, au chevron d'or,
accompagné de deux étoiles d'or en chef et en pointe d'un
croissant du même, aux deux et trois d'argent à la bande
d'azur chargée de trois tourteaux d'or et accompagnée de deux
fleurs de lis d'azur, l'une en chef, l'autre en pointe et sur le
tout d'or, à trois souches de sable qui est Watelet.*

Sa généalogie a été dressée et publiée par M. Amédée de
Ternas, dans le *Recueil des Généalogies de Flandre*, de M.
Merghelinck. (Ypres, 1877.)

Allemande de 1870, mort pendant le siége de Metz, le 14 octobre 1870 ;

B. Jenny-Adelaïde *Watelet de Messange,* née au château de Nieppe le 29 janvier 1836 ;

C. Laure-Thérèse *Watelet de Messange,* née le 28 mars 1833, mariée le 26 janvier 1859, au chevalier Amédée-Joseph *Le Boucq de Ternas* (1), né le

---

(1) *Le Boucq,* famille originaire du Cambrésis, fixée à Valenciennes depuis le XVe siècle, connue à Cambrai, dès l'an 1236, selon *Le Carpentier [Histoire de Cambray],* a fourni un superintendant de l'artillerie sous Philippe II, roi d'Espagne, un roi d'armes de la Toison-d'Or sous Charles-Quint, un grand nombre d'échevins à la ville de Valenciennes au XVIe, XVIIe et XVIIIe siècles, plusieurs prévôts à cette ville, des officiers au service de France, un chevalier de Malte et de la Légion-d'Honneur, un conseiller au Parlement de Flandre, un sous-préfet, quatre historiens fort estimés, parmi lesquels, Simon *Le Boucq,* écuyer, seigneur de la Mouzelle, né en 1590, et a été décorée du titre de chevalier par Philippe IV, roi d'Espagne, en 1659, et du titre de vicomte, sous Louis XVIII, en 1817.

Elle est représentée de nos jours, en France, dans le département du Nord, par les branches *de Ternas* et *de Rupilly,* et en Belgique par celle des vicomtes *de Beaudignies.* Sa généalogie a été publiée par M. Amédée de Ternas. (Voir l'*Annuaire de la noblesse,* de Borel d'Hauterive.)

29 février 1829, fils du chevalier François-Marie *Le Boucq de Ternas*, chevalier de Malte et de la Légion-d'Honneur, ancien auditeur au Conseil d'Etat, ancien sous-préfet, membre du Conseil d'arrondissement de Douai, et de Adelaïde *Le Bailly d'Inghuem*, fille du comte *Le Bailly d'Inghuem*, chevalier de l'Eperon-d'Or et de l'Ordre de Charles III d'Espagne, et de Adelaïde *Le Vasseur de Bambecque-Mazinghien*;

Dont:

a. Marguerite-Claire-Caroline-Marie;

b. Isabelle-Jeanne-Adélaïde-Marie;

c. Pierre-Edmond-Marie;

d. Marie-Thérèse-Jeanne.

X

Charles-Louis DE BOUTEVILLE, avocat, maire de
la commune d'Herly, né à Arras le 4 août 1805,
mort au château de Breuil, près Nesle, le 10 mai
1878, inhumé à Herly. Il avait épousé à *Ixelles-les-
Bruxelles*, le 12 août 1844, Célina-Adélaïde *du
Toict* (1), née à Bruxelles le 4 décembre 1825, fille
de Charles-François, vicomte *du Toict de Trieste*,
chevalier des Ordres du Lion-Néerlandais, du Phénix et du Saint-Sépulcre de Jérusalem, colonel de

---

(1) *Du Toict :* Une des plus vieilles familles de Lille qui remonte sa filiation jusqu'au XIVe siècle. La branche des seigneurs de Trieste passa dans les Pays-Bas en 1650, pour se
fixer à Courtrai, où elle occupa les premières charges de cette
ville et y fut anoblie. Plusieurs de ses membres servirent successivement dans les armées des empereurs d'Autriche, des
rois de Hollande et de ceux de Belgique, et elle fut décorée du
titre de vicomte transmissible aux femmes, en février 1786, par
l'empereur d'Autriche, *Joseph II.*

Armes : *De gueules au calice d'or.* La branche de Belgique
porte : *D'or à la fasce de sable, accompagné de trois merlettes
du même, qui est Pouvillon, chargé en abîme d'un écu de
gueules au calice d'or, qui est du Toict.* Sa généalogie très
complète est dressée par MM. Amédée de Ternas et Henri Fré-
maux, membre de la Commission historique du Nord, à Lille.

cavalerie, commandant de la maréchaussée du roi de Hollande, et de Esther-Clara-Joseph *Watelet de Messange* (laquelle était sœur de Théobald *Watelet de Messange,* rapporté plus haut).

Dont trois enfants :

1° Paul-Charles *de Bouteville,* qui suit ;

2° Alice-Marie *de Bouteville,* née à Ixelles-les-Bruxelles le 30 novembre 1845, mariée au château d'Herly, le 30 mai 1865, à Charles-Ernest-Joseph *de Langre,* né le 9 janvier 1835, fils de Bruno-Jean-Baptiste-Joseph, propriétaire, et de Augustine-Marie *de Langre* (1), sa cousine-germaine ;

---

(1) Le contrat de mariage de ces derniers, en date du 23 janvier 1832, porte : Bruno-Jean-Baptiste, né en 1800, fils de Bruno-Joseph, propriétaire, et de Marie-Joseph-Albertine *de La Haye,* d'une part ; et Augustine-Marie-Joseph *de Langre,* née en 1813, fille d'Ambroise, propriétaire, et de Dorothée-Jacobe *Cleenewerck d'Oudenhove.*

Originaires de la Flandre, ils ont de belles alliances avec plusieurs familles nobles de ce pays, entr'autres les suivantes :

De Le Flie, anoblie en 1503, qui portait pour armes : *Fascé et contrefascé d'or et d'azur de quatre pièces.*

De La Haye, native de Lillers-en-Artois, anoblie par lettres

Dont :

A. Anna-Alice-Marie, née à Lille le 16 mars 1866 ;

B. Gabrielle-Berthe-Marie, née au château d'Herly le 17 septembre 1870 ;

C. Maurice-Gustave, né au château d'Herly le 1er novembre 1875 ;

---

de 1576, portait : *D'argent au chevron de sable accompagné de trois merlettes du même.* (Voir le *Recueil de la noblesse d'Artois,* par M. Amédée de Ternas.—Douai, chez Dechristé.)

Vernimmen de Vinckof, anoblie en 1706, à Bergues : *De gueules au lion d'argent armé et lampassé d'or accompagné de trois étoiles d'or, une en chef et deux en flanc.* (Idem.)

Watelet de La Vinelle : *D'or à trois souches de sable.* (Voir plus haut.)

Cleenewerck d'Oudenhove : *D'or à trois merlettes de sable* (*).

De Coussemacker : *Écartelé aux un et quatre d'or à trois merlettes de sable qui est Cleenewerck, aux deux et*

(*) La famille *Cleenewerck d'Oudenhove* et de *Crayencourt* est très ancienne à Bailleul (Nord). La première branche est éteinte, la seconde est actuellement représentée par M. *Cleenewerck de Crayencourt,* chevalier de la Légion-d'Honneur, ancien conseiller de Préfecture à Lille, habitant le château du Mont Noir, près Bailleul.

Son fils a épousé, en 1884, la baronne *de La Grange,* née au château de Cobrieux (Nord).

3° Fanny-Marie-Claire *de Bouteville,* née au château d'Herly le 8 septembre 1848, mariée au même lieu, le 27 juin 1868, à Ambroise-Eugène-Joseph *de Langre,* né le 15 octobre 1837 (frère du précédent).

---

trois d'azur, au chevron d'or chargé en pointe d'une fleur de lis de gueules, accompagné de trois étoiles aussi d'or, qui est de Coussemacker.

Ils portent : *D'argent à la fasce de gueules accompagné en chef de deux cors de chasse de sable liés de gueules et en pointe d'une merlette du même.*

XI

Paul-Charles DE BOUTEVILLE, né au château d'Herly, le 10 juillet 1851, maire de cette commune, marié au château de Fransart, le 24 septembre 1877, à Louise-Marie-Charlotte-Alix *du Bos* (1), fille de Louis-Charles-David *Gonzalve*, ancien officier, chevalier de la Légion-d'Honneur, président du Conseil d'arrondissement de Montdidier, mort au château de Fransart le 20 janvier 1877, âgé de 56 ans, et de Caroline-Sophie-Françoise-Agathe *Buteux* (2), née le 13 novembre 1818, laquelle est

---

(1) *Du Bos :* Cette famille, noble dans son origine, ayant perdu, par le malheur des guerres, la trace de sa filiation, fut anoblie par lettres de Henri IV, en 1594, lors de la réduction de la ville d'Amiens. Sa généalogie, dressée par *du Cange*, la fait remonter jusqu'à Jean *du Bos*, vivant en 1453. Une Marie *du Bos* épousa, en 1677, Charles *de Boufflers*. Feu l'abbé *du Bos* était aussi de cette famille, qui a de belles alliances dans la noblesse de Picardie.

Armes : *D'argent au lion rampant de sable, armé et lampassé d'azur.* (Tiré du *Dictionnaire de la noblesse*, par de La Chenaye-Desbois.)

(2) *Buteux* porte : *D'or à trois fasces de gueules accompagnées de trois tourteaux de sable en chef.*

fille de Joseph *Buteux* et de Sophie *de La Farelle* (1).

Dont :

1° Elisabeth-Agathe *de Bouteville*, née en
1878 ;

2° Yvonne-Fanny-Marie *de Bouteville*, née
le 6 février 1880 ;

3° Georges-Paul-Frédéric-Gonzalve *de Bouteville*, né le 10 octobre 1882.

---

(1) *De La Farelle : D'azur à une tour d'argent, surmon-
tée de trois petites tours aussi d'argent et maçonnées de
sable.*

SECONDE BRANCHE

DES BARONS DE BOUTEVILLE

I

Eugène-Marie-Robert DE BOUTEVILLE, seigneur
d'*Omiécourt* en partie, *Gamelon, Sacquespée, Tilloy,*
etc., chevalier de la Légion-d'Honneur, né à Péronne
le 11 juin 1778, fut successivement sous-préfet de
Péronne, pendant la Restauration (1), commandant
de la Garde Nationale de cette ville, membre du
Conseil d'arrondissement de Douai, maire d'Hornaing, et fut créé baron par le roi Louis XVIII, le
29 novembre 1822. Il établit un majorat, le 10 juil-

(1) Démissionnaire en 1830.

let 1824, sur la terre d'Omiécourt (1). Il était fils de Jean-Baptiste-Charles-Paul, seigneur dudit lieu et d'Omiécourt, Montroyant, Saint-Eloy, Sacquespée, Beauvoir, etc., procureur du Roi au bailliage de Péronne, puis conseiller du Roi à l'élection, et de Marie-Thérèse *Hanicque d'Herquelines*. Il mourut au château d'Hornaing, après avoir épousé à Paris, le 28 janvier 1824, Marie-Caroline *Buzin de Lonprez,* née à Chauly (Pays-Bas), le 29 octobre 1795, décédée à Hornaing, le 13 août 1851.

Ils laissèrent deux enfants :

1º Eugène-Joseph, baron *de Bouteville,* qui suit;

2º Olympe-Clary *de Bouteville,* née en 1826, habitant le château de Bure, canton de Rochefort (Belgique) (2), décédée le 17 septembre 1863, sans alliance.

---

(1) Son fils, ayant vendu cette propriété après sa mort, le majorat fut reporté sur le domaine d'Hornaing.

(2) Cette magnifique résidence, vendue après sa mort, a été achetée par le duc de Brabant.

II

Eugène-Joseph, baron DE BOUTEVILLE, deuxième du nom, né à Paris le 29 octobre 1824, avocat, docteur en droit, chevalier de l'Ordre du Saint-Sépulcre de Jérusalem, membre du Conseil général du département du Nord, président de la Commission du desséchement de la vallée de la Scarpe. Il épousa, au château du Blocus, le 1er mai 1867, Rosalie *Desmoutiers* (1), fille d'Ernest, propriétaire, chevalier de la Légion-d'Honneur, membre du Conseil général du département du Nord, et de N. *Desmoutiers*, et mourut au château d'Hornaing le 13 décembre 1883.

Ils ont trois enfants :

1º Philippe *de Bouteville*, qui suit ;

---

(1) *Desmoutiers*, famille des plus notables du département du Nord, qui compte actuellement deux chevaliers de la Légion-d'Honneur, deux députés au Corps Législatif, trois membres du Conseil général de ce même département et un sénateur.

2° Eugénie-Marie *de Bouteville,* née à Ixelles (Belgique), le 11 novembre 1870;

3° Marie-Rosalie-Isabelle *de Bouteville,* née au château d'Hornaing le 29 juin 1872.

III

Philippe-Marie-Joseph, baron DE BOUTEVILLE, né au château d'Hornaing le 14 avril 1868.

NOMS DE QUELQUES MEMBRES DE LA PREMIÈRE BRANCHE

que nous n'avons pu rattacher exactement

à la Généalogie

N. *de Bouteville,* capitaine au régiment de Soissonnais en 1686.

Pierre *Bouteville,* lieutenant au régiment de cavalerie de *M. le Prince* en 1699.

N. *Bouteville,* officier de la marine royale, lequel présente une requête au ministre, cardinal *de Fleury,* en 1720.

Demoiselle N. *de Bouteville,* fille d'un *de Bouteville* et de N. *Maclan,* mariée entre 1770 et 1780 au baron *de Wangermez,* dont un des petits-fils, le baron Louis *de Wangermez,* vivait à Paris en 1847.

(Communication de M. le comte du Chastel de la Howardries.)

N. *de Bouteville,* capitaine au régiment de la Marche en 1730. Un certificat de ses états de service et de bonne conduite lui est délivré, ladite année.

Nicaise *de Bouteville*, prêtre, curé de Notre-Dame de Laffaux, près Vailly (Aisne) (1690).

François *de Bouteville*, chanoine, curé d'Origny-Sainte-Benoiste, près Saint-Quentin, qui fit enregistrer ses armes, dans d'Hozier, en 1696.

BRANCHE DE NORMANDIE ET DE BRETAGNE

DES SEIGNEURS *du Faouët, Burragan & Coetquénan.*

ARMES : *D'argent à cinq fusées de gueules, posées en fasces.*

I

Jean DE BOUTEVILLE, puiné de ceux de Normandie, vint en Bretagne, au service du duc Charles *de Blois,* en 1330 et 1340 (1), épousa l'héritière *du Faouët,* an-

---

(1) Charles *de Blois* vint à cette époque en Bretagne comme compétiteur à la succession de *Jean III,* dont il avait épousé la nièce. La plupart des seigneurs lui prêtèrent foi et hommage. Mais Jean *de Montfort,* frère du feu duc de Bretagne, prétendait aussi hériter de ses Etats ; ils se déclarèrent une guerre sanglante qui dura vingt-trois ans et se termina par la mort de Charles *de Blois* qui fut tué à la bataille d'*Auray.* Durant cette longue lutte on vit paraître le grand caractère de la comtesse Jeanne *de Montfort ,* et plusieurs guerriers célèbres, tels que *Beaumanoir* et *Duguesclin.*

cienne chevalerie banneret par ancien manuscrit (1).
Il en prit les armes; les anciennes semblent être
relegre : (mot incompréhensible). *Ecartelé aux un et quatre de (2)... au lion... et aux deux et [trois, un fascé
de six pièces, du Faouët.*

Dont :

1° Bizien *de Bouteville,* qui suivra ;

2° Péronnelle *de Bouteville,* épousa Jean,
sire *du Mur* (3) ;

Dont :

A. Louise *du Mur* , femme d'Hervé,
sire *du Juch* (4) ;

---

(1) On appelait *banneret* le jeune guerrier qui , n'ayant pas
encore l'âge requis pour arborer sa propre bannière , marchait
en attendant sous celle d'un autre. Il attachait à sa lance un
guidon de forme triangulaire appelé pennon. (*Science des Armoiries,* p. 434.)

(2) Quelques mots illisibles dans le manuscrit.

(3) *Du Mur : De gueules, au château donjonné de trois
pièces d'argent.*

(4) *Du Juch : D'azur, au lion d'argent armé et lampassé
de gueules.*

3º Jeanne, épousa Geoffroy *de Chef du Bois,* sire de Colitrevan (1);

4° Jean, seigneur *de Kerbrat* (partage de 1382), épousa Marie *de Launay* (2), fille de Vaillant, chevalier yves, capitaine de Morlaix, et de demoiselle *de Dinan;*

Dont:

A. Jeanne, dame *de Kerbrat,* épousa Yvon *de Kerrimel,* chevalier de Saint-Coëtinisan (3).

---

(1) *De Chef du Bois : De gueules au sautoir d'or, cantonné de quatre coquilles du même.*

(2) *De Launay* (Normandie) : *D'hermine à trois pots de gueules, deux et un.* (Dictionnaire de Lachenay).

(3) *De Kerimel : D'argent à trois fasces de sable.* (Idem).

II

Bizien DE BOUTEVILLE, seigneur du Faouët, du Feins, vicomte de Berragan, 1390 - 1405, épousa (1390) Jeanne *de Quélen* (1), fille de Yves, sire de Quebron ou du vieux Chastel, laquelle étant veuve épousa le seigneur *de Rosmadec* (2), etc., veuf d'Alix *de Tivarlen* et *de Pontecroix* (3).

Dont :

1° Bizien *de Bouteville,* fait chevalier à la bataille de Formigny, épousa, sur la fin de ses jours, Marguerite *Kairgournadec,* et vescequit (vécut) vers jusques à la fin de 1432 ;

2° Jean *de Bouteville,* qui suit.

---

(1) *De Quélen : Partie au un d'argent à trois feuilles de houx de sinople qui est de Quélen et au deux d'argent au sautoir de gueules, qui est de Stuer.*

L'archevêque de Paris, sous Louis-Philippe, était de cette famille qui existe encore.

(2) *De Rosmadec : Palé d'argent et d'azur de six pièces.*

(3) *De Tivarlen : D'azur au château d'or.*

III

Jean DE BOUTEVILLE, seigneur du Faouët, çheva-
lier, servit à la.... (mots illisibles) du duc (1429), Jo-
sabel *de Penhoët* (1), quatrième fille de Guillaume,
seigneur de Penhoët, et de Jeanne *d'Albret*.

Dont :

1° Jean *de Bouteville*, qui suit ;

2° Clémence, qui épousa par contrat du 4
novembre 1420, Jean, fils aîné de Pierre
du Verger (2), et de Blanche *de Chef
du Bois*.

---

(1) *De Penhoët :* Trois familles bretonnes portaient ce nom,
avec des armes différentes

(2) *Du Verger : De gueules à un lion d'hermines.*
Armes incertaines, car quatre familles du même nom se trouvent ayant chacune les leurs.

IV

Jean DE BOUTEVILLE, seigneur *du Faouët,* du Feins et Barragnan, épousa Alix, vicomtesse *de Coëtquénan* (1), en l'évêché de *Léon,* vicomtesse dudit lieu et principale héritière du vicomté de Coëtquénan, fille d'Olivier et de Blanche *de Cornouaille de Launay* (2), ou petite-fille d'Olivier *de Launay* (3), vicomte de Coëtquénan, et de Anice *de Kergroadez* (4).

Elle avait deux tantes, Isabeau, épouse de Guy, seigneur *Kergournadeck ,* et Catherine , femme d'Yvon, seigneur *de Kergournay* (ou *Kergorlay)* (5), et une sœur mariée au *Cludon.*

---

(1) *De Coëtquénan : D'azur, au château d'or, sommé de trois tourelles du même.*

(2) *De Cornouaille : D'azur, au mouton passant d'argent, accarné et onglé d'or.*

(3) *De Launay :* Il y avait en Bretagne cinq familles de ce nom ayant des armes différentes.

(4) *De Kergroadez : Fascé d'argent et de sable.*

(5) *De Kergolay : Vairé d'or et de gueules.*

Dont :

1° Jean *de Bouteville*, qui suivra ;

2° Guiotte *de Bouteville*, épousa Alain, seigneur *de Beaubois* (ou Haubois) (1) ;

3° Isabeau *de Bouteville*, 17 décembre 1453, mariée à Louis *du Chatel* (2), chevalier, sire *de Mesle*. D'où en ligne directe, Claude *du Chatel*, marquis *de Mesle*, qui épousa Yorlix, fille aînée du marquis *de Goulaine* (3) ;

4° Marie *de Bouteville*, femme de Pierre, seigneur *de La Forest* (4), ligne tombée dans Kermanguy de Baud ;

5° Catherine *de Bouteville*, partageant pour Jean, son neveu ;

---

(1) *De Beaubois de Nevet : D'or au léopard morné de gueules.*

(2) *Du Chatel : Fascé d'or et de gueules de six pièces.*

(3) *De Goulaine : Mi-partie d'Angleterre et de France, c'est-à-dire de gueules à trois demi léopards d'or et d'azur à une fleur de lis et demie d'or.* (Encore existante).

(4) *De La Forest : D'argent au chef de sable.*
Plusieurs familles de ce nom en Bretagne.

6º Marguerite *de Bouteville,* mariée en premières noces à Galois *de Gal* (1), seigneur
de Cufimie, de la Haye et du Verger, sans
enfants.

En secondes noces, en 1440, à Rion, seigneur *de Kermorien* (2), et en troisième
noces à Hugues *Le Bigot* (3), seigneur *de
Kerjégu ;*

Dont :

A. Nicolas *Le Bigot de Kerjégu.*

---

(1) *De Gal* : *D'argent au lion de sinople.*

(2) *De Kermorien* : *D'or à trois chevrons d'azur, au lambel du même en chef.*

(3) *Le Bigot* : *D'argent à l'écureuil rampant de pourpre
couronné d'or.*

V

Jean DE BOUTEVILLE, seigneur du Faouët, du Fiens et Kergent, vicomte de Berragan et Coëtquénan, chambellan du duc de Bretagne, capitaine de Coquarneau (1484) (1), épousa, le 28 novembre 1463, Marie, fille aînée de Charles, seigneur *de Kérimerck* (2), et de Marguerite *de La Rocherousse* (3). Elle vivait en 1512.

Dont :

1° Charles *de Bouteville* (1490) ;

2° Thibaut *de Bouteville*, seigneur *du*

---

(1) Allusion incompréhensible au sieur *Landais*, favori du duc de Bretagne.

(2) *De Kérimerch* ou *Quimerch : D'hermines au croissant de gueules.*

(3) *De La Rocherousse : De gueules à trois fleurs de lis d'argent accompagnées d'une étoile de gueules posée au point du chef.*

Kegan, épousa Marguerite *de Toutenou-tre* (1), dame de Peneaure, sans enfant ;

3º Yves *de Bouteville*, abbé de Saint-Maurice, pourvu de cette abbaye ;

4º Catherine *de Bouteville*, mariée : 1º à François *Lepaix* ou *Le Puich*, seigneur de Kermoulin, Vivres, Sombar, sans enfant, et 2º, en 1492, à Guillaume, seigneur *de Kersauson* (2) ;

5º Péronelle *de Bouteville*, mariée à Jean, seigneur *de Combout* (3), fils de Jean et Marie *Kérivalen* ;

6º Marguerite *de Bouteville*, mariée à Roland *de Rostrenen* (4), seigneur *de Brelidi*,

---

(1) *De Toutenoutre :* D'argent à trois hures de saumon coupées d'azur.

(2) *De Kersauson :* Deux familles avec armoiries différentes : De gueules à une boucle d'argent. (Lachenay).

(3) *De Combout :* De gueules, au lion d'argent, lampassé, armé et couronné d'or.

(4) *De Rostrenen :* D'hermines à trois fasces de gueules.

tombé au marquis de Lœmaria, depuis mariée à *Quélen-Brenay-Doradon* ;

7° Jeanne *de Bouteville*, mariée à Jean *Le Carbonain*, fils (ou sire) de Kerligonay ;

Dont :

A. Bonaventure *de Lescoët* (1), dame de Nevet ;

8° Isabelle *de Bouteville*, femme de Jacques, seigneur *de Kerligovaim*, âgée de 90 ans, en 1588 ;

9° Jean *de Bouteville*, vivant en 1490, sans enfant ;

10° Louis *de Bouteville*, qui suit.

---

(1) *De Lescoët :* Deux familles nobles du même nom. Descendance incompréhensible que nous rendons néanmoins textuellement afin de ne rien changer au manuscrit, d'ailleurs d'une écriture difficile à lire.

VI

Louis DE BOUTEVILLE, seigneur du Faouët, Kerjent, Kerjou, vicomte de Coëtquénan et de Barragan,
chambellan du duc, en 1499, capitaine de.... (mot illi-
sible) (1536) de Cornouaille et de Coquerneau,
épousa, le 19 janvier 1498, Jeanne *du Chastel,*
deuxième fille d'Olivier, seigneur *du Chastel* (1),
et de Marie *de Poulmic* (2), eut Kerjou en partage.

Dont :

1° Yves *de Bouteville,* qui suit ;

2° Marie *de Bouteville,* femme, dès le 1er
juin 1523, de Julien *Le Jeune* (3), seigneur de la Morlaye, de Saint-Malo, de
Gourtreuil ;

---

(1) *Du Chastel* porte comme plus haut.

(2) *De Poulmic : Echiqueté d'argent et de gueules.*

(3) *Le Jeune : De sable, au cerf d'argent.*

6

3° Hélène *de Bouteville,* mariée à Maurice
de Chef du Bois (1), seigneur de Kerahere,
morte veuve sans enfants, fort âgée (*).

---

(1) *De Chef du Bois* porte comme plus haut.

(*) La famille *du Chastel,* citée plus haut, se continue encore en Bretagne. Une autre branche, d'une grande illustration, existait déjà alors depuis longtemps dans les Pays-Bas et habite actuellement la Belgique où elle est représentée par les comtes *du Chastel de La Howardries.*

Elle porte des armes différentes qui sont : *De gueules, à un lion d'or couronné lampassé et armé d'azur.* (Voir sa généalogie dans le *Dictionnaire de la noblesse,* par de La Chenay des Bois).

VII

Yves DE BOUTEVILLE, seigneur du Faouët, Feins, Kerjent, Kerjou, vicomte de Barragan, de Coëtquénan, vécut jusqu'en 1554, épousa Renée *de Carné* (1), fille aînée de Marc, sire *de Carné*, Dohignac, Lasolé, Gremeur, La Touche, Liniac, gouverneur de Bretagne, amiral...., épousa (probablement en secondes noces) Gillette *de Rohan* (2), dame de Marsein. Elle vécut veuve (1585), gist aux Cordeliers.

Dont :

1° René *de Bouteville*, seigneur du Faouët, sans enfants ;

2° Marie *de Bouteville*, riche héritière, vicomtesse de Coëtquénan, épousa Tanguy,

---

(1) *De Carné* : *D'or à deux fasces de gueules.*

(2) *De Rohan* : *De gueules, à neuf mâcles d'or.*

sire *de Rosmadec-Molac* (1), Tyvarlen et
des Chapelles, morte sans enfants au château de Feins (Bretagne), en 1558 ;

Son époux convola avec Marguerite *de
Beaumanoir* (2), marquise de Busso;

3° Jeanne *de Bouteville*, héritière, épousa :
1° par contrat du 20 mars 1554, Yves *Parcevaux* (3), seigneur *de Pratis*, fils aîné de
Maurice *Parcevaux*, seigneur de *Mesen-
non ;*

D'où :

A. Renée-Marie *Parcevaux*, morte au
berceau ;

---

(1) *De Rosmadec* porte comme plus haut.

(2) *De Beaumanoir : D'azur à onze billettes d'argent rangées quatre, trois et quatre.* Elle a eu un guerrier célèbre.

(3) *Parcevaux : D'argent à trois chevrons d'azur, ou
d'azur à trois chevrons d'argent.*
Famille encore existante au château de Lambal.

En secondes noces, en février 1569, Claude
de Goullaine (marquis) (1), né le 13 février
1512 à Raix, et mort le 13 juillet 1572.

---

(1) *De Goullaine* porte comme plus haut.

Cette famille existe encore en Bretagne, où elle est représentée par le marquis de Goullaine, demeurant au château de
Goullaine, près Verton.

Une demoiselle de ce nom a épousé, en 1879, le marquis
de Mailly-Nesle.

FIN

GÉNÉALOGIES DE QUELQUES FAMILLES ALLIÉES

DESCENDANCES FÉMININES

MASSE DE COMBLE DU PRIEZ

SEIGNEURS *de Lorgival, de La Barre, de Cappy*
& autres lieux

ARMES : *D'azur, aux deux masses d'argent en sautoir, surmontées d'une étoile de même. (Planche III).*

DESCENDANCE de ROBERT *Lescars* et de MARGUERITE *de Bouteville.*

Dont une fille unique :

I. Marie LESCARS (1), née en avril 1664, mariée le 19 mars 1682, par contrat passé devant Maître

---

(1) *Lescars.* (Voir la planche III.)

Tournez, notaire à Péronne, à Daniel *Masse de Comble,* seigneur *du Priez,* écuyer, conseiller du Roi élu en l'élection de Péronne, ancien capitaine au régiment de milice-Picardie, fils de Jean, écuyer, seigneur desdits lieux, lieutenant d'infanterie, et de Madeleine *Hugot* (1).

Dont neuf enfants :

1º Jean-Baptiste *Masse de Comble,* qui suit ;

2º Nicolas *Masse de Comble,* seigneur *du Priez,* écuyer, lieutenant au régiment du Languedoc, mort sans alliance ;

3º Romain *Masse*, seigneur *de Comble*, écuyer, officier à l'hôtel des Invalides à Paris, mort sans alliance ;

4º Robert *Masse,* seigneur *de Comble,* écuyer, capitaine au régiment de la Roche-Aymon, mort en célibat ;

5º Claude *Masse,* seigneur *du Priez* et *de Lorgival,* écuyer, chevalier de Saint-Louis,

---

(1) *Hugot : De gueules, à une croix d'argent, accompagnée de deux étoiles de même et d'une hache aussi d'argent.*

officier pensionné du Roi, retiré à Metz, ancien officier du régiment de Guise-Infanterie, fut mayeur de Péronne en 1716, et mourut en charge en 1717 ;

6° Charlotte *Masse de Comble*, morte célibataire en 176.. ;

7° Thérèse-Marie *Masse de Comble*, mariée, le 28 novembre 1720, à Pierre *Maray de La Filonnière* (1), greffier en chef de l'Hôtel-de-Ville de Péronne, mourut en 1767, et fut inhumée en l'église Saint-Jean ;

8° Madeleine *Masse de Comble*, mariée : 1° à François *Prévost* (2) ; 2° à Joseph *Jotier*, à Paris ;

---

(1) *Maray de La Filonnière : D'argent, au chevron de gueules, accompagné de trois étoiles de même.*

(2) *Prévost : D'or, à une bande de sable, chargée de trois coquilles d'argent.*
La famille *Prévost* fut anoblie, par lettres du 20 février 1754, en la personne de Philippe *Prévost*, fils d'Antoine, seigneur *de Wailly*, conseiller en la chancellerie d'Artois, en 1707, mort à Arras en 1725, et de Catherine *de Milly*. (Voir le *Recueil de la noblesse d'Artois*, par M. A. de Ternas, p. 84.)

9° Marie-Louise *Masse,* dame *de Cappy,* née à Péronne en 1695, mariée à Louis-François *Vaillant de Bovent,* seigneur *d'Hervilly,* conseiller au bailliage, né à Péronne en 1689, mayeur de cette ville en 1759 et 1761, mort en janvier 1761, dont postérité (1).

II. Jean-Baptiste MASSE DE COMBLE, seigneur *du Priez,* écuyer, officier au régiment de bombardiers, né à Péronne le 16 mars 1686, mort le 15 janvier 1766, avait épousé, en septembre 1712, à Péronne, paroisse Saint-Jean, Catherine *Delaire de Canteresse* (2).

Dont quatre enfants :

1° Jean-Baptiste-Florent *Masse de Comble,* seigneur *du Priez,* écuyer, chevalier de Saint-Louis, capitaine du régiment de la *Roche-Aymon,* pensionné du Roi, né à

---

(1) *Vaillant de Bovent.* (Voir la planche IV.)

(2) *Delaire de Canteresse : D'azur, à une aigle, le vol abaissé d'or, côtoyé de deux croix haussées d'argent.*

Péronne le 1er juin 1714, décédé en célibat en 1784;

2° François-Mathieu *Masse de Comble*, qui suit;

3° Charles *Masse*, seigneur *de La Barre*, né le 28 juillet 1725, mort célibataire;

4° Marie-Catherine-Françoise *Masse de Comble*, née à Péronne en 1727, mariée, paroisse Saint-Jean, en novembre 1767, à Jean *de La Marlière*, lieutenant au régiment de Royale-Cravate, né à Carhain, diocèse de Quimper (1).

III. François-Mathieu MASSE DE COMBLE, seigneur *du Priez*, écuyer, chevalier de Saint-Louis, capitaine au régiment de Cambise-Infanterie, né à Péronne en novembre 1721, y décédé en 1757, après avoir épousé Françoise *Vaillant de Bovent*, née à Péronne en mars 1729, fille de Louis-François, seigneur *de Bovent*, conseiller au bailliage de Péronne, mayeur

_____

(1) *De La Marlière : D'argent, à une bande de gueules, chargée de trois merlettes d'argent.*

de cette ville en 1759, mort en charge, et de Marie-Louise *Masse de Cappy*.

Dont :

1° Jean-Baptiste-François-Furcy *Masse de Comble*, qui suit;

2° Marie-Louise-Françoise *Masse de Comble*, née à Péronne le 5 août 1758, morte, le 7 octobre 1827, en célibat.

IV. Jean-Baptiste-François-Furcy MASSE, seigneur *de Comble* et *du Priez*, écuyer, né à Péronne le 17 août 1759, capitaine au régiment de La Fère-Infanterie, marié, le 11 novembre 1790, à Marie-Louise-Elisabeth *Huet d'Hébécourt* (1), fille de Jean-Baptiste, avocat en Parlement, lieutenant-criminel, et de Marie-Anne *Grangez de Berteville*, morte le 28 mars 1843.

Dont six enfants :

1° Gustave *Masse de Comble du Priez*, écuyer, officier de cavalerie, chevalier de

---

(1) *Huet d'Hébécourt : D'azur, au chevron d'or accompagné en chef de deux étoiles aussi d'or, et en pointe d'une herse de même:* Il est l'auteur du manuscrit cité dans la préface.

la Légion-d'Honneur, membre du Conseil
général de la Somme, né le 26 novembre
1791 à Péronne, mort célibataire au château du Priez le 28 juillet 1862;

2° Albert *Masse de Comble du Priez*, écuyer,
officier d'infanterie, né le 27 octobre 1793,
mort célibataire au château du Priez, le
11 juillet 1861 ;

3° Césaire *Masse de Comble,* né le 27 août
1800, mort le 25 octobre 1817, sans alliance;

4° Louise *Masse de Comble,* née le 12 juin
1805, mariée, le 22 février 1827, à Charles-
François *Rougier de Joinville* (1) ;

Dont deux enfants :

A. Marie-Julie-Francine *Rougier de
Joinville ,* née le 13 février 1828,
mariée le 31 juillet 1848 à Auguste

---

(1) *Rougier de Joinville : D'azur, à une bande d'argent
accompagnée de trois besans de même, un à dextre, deux à
sénestre.*

Gonnet de Fiéville (1), demeurant au château de Feuillères, près Péronne, sans postérité ;

B. Marie-Louise *Rougier de Joinville,* née le 3 mai 1822, mariée, le 16 juillet 1851, à Michel-François-Furcy *Dournel de La Guittonnière,* demeurant à Amiens (2) ;

5° Chantal *Masse de Comble,* née le 1er août 1809, mariée, le 29 décembre 1828, à Jean-Jacques-Auguste *Le Blanc*, colonel du Génie, officier de la Légion-d'Honneur, commandeur de l'Ordre de Saint-Grégoire-le-Grand, mort, le 28 novembre 1852, à Bordeaux ;

---

(1) *Gonnet de Fiéville : D'azur, à un cœur d'argent*, accompagné de trois étoiles d'or, deux en chef et une en pointe.

(2) *Dournel de La Guittonnière : D'azur, au chevron d'or, accompagné en chef d'un lys d'argent à la droite, et d'un gland d'or à gauche, avec leurs tiges, en pointe d'un croissant surmonté d'une étoile d'or.*

Sa généalogie a été publiée par M. Jules *Dournel de La Guittonnière,* en 1878. (Douai, chez Duramou.)

Dont deux enfants :

A. Marie-Céline *Le Blanc,* née le 24
octobre 1829 , mariée, en décembre
1848, à Charles *Paul,* chevalier de la
Légion-d'Honneur , premier avocat-
général à Limoges, puis premier président à la Cour impériale de Douai,
membre du Conseil général du département du Nord, mort en 1871,
dont postérité;

B. Octave *Le Blanc,* né le 26 novembre
1830, lieutenant d'infanterie, tué pendant la guerre de Crimée, devant Sé-
bastopol, le 2 mai 1855.

6° Marcelin *Masse de Comble,* qui suit.

V. Marcelin MASSE DE COMBLE, écuyer, chevalier de
la Légion-d'Honneur, chef d'escadron d'Etat-Major,
membre du Conseil général de la Somme, né le
23 février 1814, mourut à Paris, le 26 avril 1865,
après avoir épousé, en 1844, Adelaïde-Charlotte-
Camille *d'Argent de deux Fontaines,* fille du mar-

quis *d'Argent de deux Fontaines,* député au Corps Législatif (1).

Dont trois enfants :

1° Daniel *Masse de Comble,* qui suit ;

2º Marie-Marguerite *Masse de Comble,* née le 22 juin 1845, mariée à Paris, le 26 mai 1868, à Georges-Emile *Le Cousturier de Courcy* (2), fils d'Eugène-Ernest et de Claire *Homberg ;*

3º Blanche *Masse de Comble,* née le 8 avril 1847, mariée à Paris, le 16 juillet 1879, au comte Réné-Marie-Antoine *Thibault de La Carte de La Ferté-Sennetère* (3),

---

(1) *D'Argent de deux Fontaines : D'azur, au lion d'argent et au chef d'or chargé de trois étoiles de gueules.*

(2) *Le Cousturier de Courcy : D'azur, à trois croissants d'argent, deux et un.*

(3) *Thibault de La Carte de La Ferté-Sennetère,* famille de Touraine, qui porte : *Ecartelé aux un et quatre d'azur à la tour crénelée d'argent,* qui est Thibault de La Carte, *aux deux et trois d'azur à cinq fusées d'argent posées en fasce* qui est de La Ferté. (Voir de La Chenay des Bois, et état présent de la noblesse.)

capitaine d'Etat-Major, officier de la Légion-d'Honneur, fils du marquis Augustin et de Antoinette-Charlotte *de Chastenet de Puységur* (1).

VI. Daniel MASSE DE COMBLE, né à Tours en octobre 1858, habitant le château de Saint-Mars, près Etampes (Seine-et-Oise).

---

(1) *De Chastenet de Puységur,* famille de l'Armagnac, puis du Soissonnais, et actuellement de la Touraine. Armes : *D'azur au chef d'or au chevron d'argent, accompagné en pointe d'un lion léopardé d'or.* (Voir *de La Chenay des Bois,* et état présent de la noblesse.)

GHESQUIÈRE DE STRADIN DE NIEPPE

SEIGNEURS *d'Hollebecque, Limbrect, La Hugues,*
Warenghien, Millécamps, etc.

———

ARMES : *D'argent, à l'écu d'azur, chargé d'une étoile*
d'argent. (Voir planche IV.)

════════

I. Watier GHESQUIÈRE, né vers 1465, demeurant
à Comines (Flandre) en l'an 1500, marié à N.,
d'après un acte qui ne nomme pas sa femme.

Dont :

II. Daniel GHESQUIÈRE, né à Comines vers 1500,
qui achète dans cette ville, le 21 mars 1563, pardevant Christophe *Van den Procle*, notaire de
Comines, à Goos *de Weuf* et à Jossine *Walponts*,
sa femme, une maison et quinze *cens* de terre situés dans cette localité et tenue de la seigneurie de

Winchen. (Cet acte se trouve dans les archives du château de Nieppe.) Il avait épousé Jeanne *des Grysons*.

Dont quatre enfants :

1º Nicolas, qui suit ;

2º Jean, sans alliance ;

3º Jeanne ;

4º Hugues, marié à N. *Van Hulten ;*

Dont trois enfants :

A. Jacques, marié à N. *Malet,* dont Antoine *Ghesquière* et plusieurs filles qui ont laissé des enfants;

B. Deux filles mariées, laissant des enfants;

C. Herman, marié à N. *de Milleville* (1) ;

Dont :

a. Jean *Ghesquière ;*

b. Plusieurs filles mariées qui ont laissé des enfants.

---

(1) *De Milleville : De gueules au sautoir d'argent cantonné de quatre glands d'or.*

III. Nicolas GHESQUIÈRE, seigneur *de Stradin* (1), né vers 1540, qui fit le relief d'un fief situé à Comines, dont le récépissé est daté du 20 mars 1590. Il avait épousé Jossine *Messyans*, fille de Jean (2).

Dont un fils :

Nicolas, qui suit.

IV. Nicolas GHESQUIÈRE, deuxième du nom, seigneur *de Stradin* et *d'Hollebecque* en partie, né vers 1570. Il fit le relief d'un fief tenu de la Cour féodale *d'Hollebecque,* ainsi que nous l'apprend le récépissé

---

(1) Le fief *de Stradin* était situé à *Houttem,* châtellenie d'Ypres, pays de Flandre, et était tenu du château de Comines.

Il paraît s'être nommé très anciennement, en 1475, *Ten Heade* (en flamand) et non pas *Stradin,* et contenait alors douze bonniers et demi d'héritage, estimés 22,300 florins.

Nicolas Ghesquière l'acheta à M. François du Bosquiel, de Lille. Les droits de nouvel acquêt s'élevèrent à 168 livres. (Tiré des archives du département du Nord, manuscrit intitulé : *Fiefs,* page 167.)

(2) Archives du château de Nieppe.

du 26 août 1615. Il s'était marié à Anne *Le Noir de Bendy* (1), fille de Pierre et de Anne *Van Thiène* (2).

Dont cinq enfants :

1º Nicolas, troisième du nom, mort sans hoirs ;

2º Guillaume, mort célibataire ;

3º Jacques, mort sans alliance ;

4º Anne, morte sans alliance ;

5º Pierre, qui suit.

V. Pierre GHESQUIÈRE, seigneur *d'Hollebecque* et *Stradin*, né en 1609, avait épousé à Lille, par contrat passé devant Maître *Parmentier* et Gille *Bauduin*, notaires, le 5 juillet 1649, Catherine

---

(1) *Le Noir*, famille du Hainaut, portait : *D'azur pur.* (D'Hozier.)

Jean *Le Noir*, seigneur de Bendy, officier du Génie, chevalier de Saint-Louis, fit enregistrer ses armes en 1696.

(2) *Van Thiène*, famille de Flandre, anoblie par la gouvernance de Lille en 1714, en la personne de Nicolas, conseiller, secrétaire du Roi au Parlement de Flandre. (*Recueil de la noblesse de Flandre*, par le chevalier de Ternas.)

Elle portait : *D'azur, à une fasce d'argent, accompagnée en pointe d'un massacre (tête) de bœuf d'or.*

Stappart (1), fille de Gilles, trésorier au Bureau des finances de Lille, et de Anne *Le Roulx* (2).

Ils eurent neuf enfants :

1° Pierre, sans alliance ;

2° Anne-Catherine ;

3° François, qui suit ;

4° Marie-Madeleine, religieuse ursuline ;

---

(1) *Stappart,* famille de Lille, anoblie en octobre 1706, en la personne de J.-B. *Stappart,* seigneur de *La Haye.* Un de ses ancêtres avait fondé en cette ville un hôpital qui porte encore son nom, et une maison en la ville d'Armentières pour les pauvres enfants orphelins. Son père était trésorier au Bureau des finances de Lille.

Armes : *D'azur semé de flammes d'or avec une bande de même. Casque posé de profil avec lambrequins d'or et d'azur.* (Voir le *Recueil de la noblesse de Flandre,* par le chevalier A. de Ternas. — Imprimé à Douai, Dechristé, 1884.)

(2) *Le Roulx,* famille de la châtellenie de Lille, anoblie par lettres données à Gand en 1531, et qui portait : *Ecartelé aux un et quatre d'argent à une fasce de gueules, accompagnée de six coquelets de sable, trois en chef et trois en pointe, membrés et crêtés de gueules, aux deux et trois d'or à une fasce de gueules, à la bordure engrelée de même et sur le tout d'argent à trois fleurs de lys de gueules, brisé en chef d'un lambel à trois pendants d'azur.* (*Recueil de la noblesse de Flandre,* cité plus haut.)

5° Marguerite-Félix, mariée à François *de Tenre* (1), fils de Henri et de Barbe *de La Fosse* (2), dont un fils, Pierre *de Tenre*, recteur des Jésuites de Lille en 1752;

6° Marie-Thérèse;

7° François-Ignace, religieux;

8° Pierre-Henri, sans alliance;

9° Pierre-François, mort sans hoirs.

VI. François GHESQUIÈRE, seigneur *de Stradin* et *d'Hollebecque*, né en 1650, marié, le 23 janvier

---

(1) *De Tenre,* famille de Flandre, anoblie par lettres données à Madrid, en 1648, pour Ignace *de Tenre*, seigneur d'Athies, dont le grand-père était conseiller à la Cour de Mons.

Armes : *D'or à trois têtes de mores de sable tortillées d'argent, posées deux et un.* (Même *Recueil* déjà cité.)

(2) *De La Fosse,* famille noble d'Artois, qui reçut des lettres de chevalerie données à Madrid en 1651, servant dans les armées d'Espagne et des archiducs. (Même *Recueil,* cité plus haut.)

Elle portait : *D'argent à trois roses de gueules, boutonnées d'or.* Alias : *D'or, à trois cors de chasse de sable.*

1682, à Marie-Michel *Cousyn* (1), fille d'André, avocat au Parlement de Flandre, et de Marie *d'Audenarde,* morte en 1713, laquelle avait pour armes : *D'or à trois losanges de sable.*

Dont deux enfants :

1° Pierre, qui suit ;

2° Madeleine, morte en bas-âge.

VII. Pierre Ghesquière, deuxième du nom, seigneur *de Stradin,* écuyer, né en 1683, échevin de Lille, avait relevé la bourgeoisie de cette ville le 14 juillet 1706. Il fut promu à cette époque dans la charge de secrétaire du Roi en la chancellerie du Parlement de Flandre, et mourut, vers 1733, après avoir épousé, par contrat passé à Lille devant Maître Maximilien *Delobel,* notaire, le 22 mai 1706, Marie *Le Blanc* (2), fille de Pierre, trésorier à la

---

(1) *Cousyn : De gueules au chevron d'argent, accompagné en chef de deux étoiles d'argent et en pointe d'une hure de même, armée d'argent. (Armorial de Flandre,* d'Hozier.)

(2) *Le Blanc,* anoblie par lettres données à Bruxelles, en 1529, pour Guillaume *Le Blanc,* conseiller à la Chambre des comptes de Lille.

Armes : *D'azur au chevron d'or, accompagné en chef de trois coquilles du même et en pointe d'un cigne nageant sur*

Chambre des comptes, et de Marie *Bosquillon* (1),
morte le 12 octobre 1758. Marie *Le Blanc,* devenue
veuve, acheta, le 20 mai 1742, la terre et seigneurie *de Nieppe* (2) à Joseph-Louis *Zannequin ,*
écuyer, seigneur de Nieppe et d'Opsilot, et fut ad-
héritée de cette terre à Bailleul le 7 décembre 1742.
(Archives du château de Nieppe.)

---

une mer du même. (*Recueil de la noblesse de Flandre,* par
le chevalier de Ternas.)

Marie-Joseph *Le Blanc,* par un accord passé avec la Communauté des religieuses de Saint-François de Sales, à Armentières,
donne 1,300 florins pour faire célébrer deux messes par semaine
à perpétuité : l'une pour Marie-Michel *Cousyn,* veuve de François *Ghesquière,* et l'autre pour Marie-Madeleine *Ghesquière,*
sa belle-sœur. La Communauté, assemblée au son de la cloche le
20 décembre 1735, accepta ce don. (Manuscrit du chateau de
Nieppe.)

(1) *Bosquillon,* seigneur *de Fontenay, de Jenlis,* et *de
Frécheville,* porte : *De gueules à un chevron d'argent chargé
de trois roses de gueules, accompagnées de trois haches d'argent emmanchées d'or et posées en pal, deux en chef et une
en pointe.*

Deux membres de cette famille habitent actuellement des
châteaux situés à Oxelaere, près Cassel (Nord).

(2) La terre et seigneurie *de Nieppe,* dont elle fit le relief
au Bureau des finances de Lille le 19 décembre 1748, était mouvante du château de Bailleul; et comprenait château, dépendances, jardin, enclos et deux bonniers onze cens de terre à labour.
Elle rapportait en plus comme droits seigneuriaux : 12 rasières
de blé, grande mesure de Bailleul ; 36 rasières, petite mesure ;

Ils laissèrent cinq enfants :

1º Pierre *Ghesquière*, quatrième du nom, écuyer, seigneur *de Limbrect* (1) et *de Nieppe*, que sa mère lui avait donné par acte passé devant Maître Jean *Hasbroucq*, notaire, en 1749, fut échevin de Lille en 1733, 1734, 1737, puis trésorier de cette ville, et y avait relevé la bourgeoisie le 10 octobre 1735. Né à Lille le 16 janvier 1707, il mourut à Nieppe le 23 août 1754 et fut inhumé dans le caveau des seigneurs établi au chœur de l'église, côté de l'*Epître* (2). Il avait épousé à Lille,

---

23 rasières d'avoine, grande mesure ; 80 rasières d'avoine, petite mesure ; 120 chapons et 48 sols parisis en argent ; le tout estimé 10,000 livres de rente, d'après une note et un registre du temps.

Cette terre appartenait, en 1260, à la comtesse *Marguerite de Flandre,* qui y bâtit un château et en fit don par la suite aux religieux chanoines d'Ypres, lesquels la vendirent plus tard aux Jésuites. Ceux-ci la revendirent quelques années après à la famille *de Vicq,* d'Ypres, des mains de laquelle elle passa dans celles des *Zannequin d'Opsilot.* Ses armes étaient celles des *de Vicq : De sable à six besans d'or, trois, deux et un.*

(1) Le fief *de Limbrect* était situé à Neuve-Eglise et relevait de la seigneurie d'Osthove.

(2) Le caveau de la seigneurie *d'Osthove,* mouvante de celle de Nieppe, était également dans le chœur, *du côté de l'Evangile.* (Tiré d'un manuscrit du château.)

paroisse Sainte-Catherine, le 12 août 1733, Colombe-Lucie-Joseph *du Retz* (1), dame *de La Hugues* (2), née en août 1713, morte le 16 août 1754 et inhumée à La Madeleine de Lille, chapelle Sainte-Françoise. Elle était fille de Jacques, écuyer, seigneur *de Terwasse* et *de Le Becque,* trésorier de la ville de Lille, et de Virginie *Six* (3). (On conserve au château de Nieppe les portraits de Pierre *Ghesquière de Stradin,* et de sa femme, Colombe *du Retz,* peints par *Le Buteux* en 1739).

Cette dame avait une tante, Françoise *du Retz,* mariée à Eugène *Bady ,* écuyer , seigneur *du Thilloy ;*

---

(1) *Du Retz,* famille anoblie par lettres de Louis XIV, en 1694, en la personne d'Etienne, trésorier des Etats de la ville de Lille, en récompense des services qu'il avait rendus au Roi pendant les guerres de Flandre.

Ses armes étaient : *D'azur, à la fasce d'argent, accompagnée de trois roues du même, deux posées en chef, une en pointe.* (Tiré du *Recueil de la noblesse de Flandre,* par le chevalier de Ternas.)

(2) Le fief *de La Hugues,* situé entre Fleurbaix et Sailly-sur-la-Lys, relevait du Roi à cause de la seigneurie *de Lassus.*

(3) Joseph *Six,* avocat, échevin de Lille, fit enregistrer les armes suivantes dans d'Hozier : *D'argent, à une fasce de gueules, chargée d'une étoile d'or, accostée de deux roses du même.*

Ils ne laissèrent qu'un fils qui suit :

A. Louis-Balthazar *Ghesquière*, écuyer,
officier de la garde du Roi, seigneur *de
Limbrect* et *Nieppe*, dont il fit le relief
le 20 décembre 1764, à cause de la mort
de ses père et mère, et seigneur *de La
Hugues,* dont il servit également le relief
au Bureau des finances, ainsi que l'at-
teste un récépissé du 29 novembre 1765.
Il était né à Lille, paroisse Sainte-Catherine, en octobre 1735, eut pour parrain
Louis *du Retz,* écuyer, seigneur *de Cal-
carsteen,* son oncle, et mourut sans alliance le 23 septembre 1768, inhumé
dans l'église de Nieppe, au caveau des
seigneurs (1). Par son testament, fait en
1766, il institue légataire universel, son

---

(1) La grosse cloche de Nieppe porte l'inscription suivante :
« Je suis nommée Louise-Marie-Virginie par messire Louis-
Joseph-Balthazar *Ghesquière,* écuyer, seigneur de Nieppe, etc.,
gendarme de la garde ordinaire du Roi, et par dame Marie-
Virginie *Poulle,* épouse de messire Louis *de Fourmestraux,*
chevalier, seigneur d'Hancardrie et d'Osthove, 1768. » Les armes
des deux familles *Ghesquière* et *Fourmestraux* y sont gravées
à la suite.

oncle paternel, François *Ghesquière*, seigneur *de Stradin ;*

2° Ignace-François *Ghesquière*, écuyer, seigneur *de Stradin* et *de Millécamps* (1), ministre général de la bourse des pauvres de Lille (sic), devint seigneur de Nieppe après la mort de son neveu et en servit le relief le 5 octobre 1769. Il mourut en célibat le 5 janvier 1772 ;

3° François-Michel, qui suit ;

4° Marie-Joseph-Thérèse, mariée par contrat passé à Lille devant Nicolas *Nicole*, notaire royal, le 20 décembre 1743, et religieusement le lendemain, paroisse de La Madeleine, à Antoine-François *Cardon* (2), écuyer, sei-

---

(1) Le fief *de Millécamps* était situé à Lys-les-Lannoy, ainsi que nous l'apprend le relief qu'il en fit le 27 mai 1740 au prince de Rohan, à cause de son marquisat de Roubaix.

(2) *Cardon*, seigneur *de Bricogne, Fermont, Le Broncquart* et *Garsignies*, famille noble de Lille qui a eu plusieurs officiers dans les armées, des chevaliers de Saint-Louis et un évêque de Soissons, Mgr de Garsignies.

Armes : *D'azur, à trois cardons d'or.* (Voir le *Recueil de la noblesse de Flandre,* par le chevalier de Ternas.)

gneur *de Bricogne, du Fermont* et *de Garsignies,* trésorier des Etats de la ville de Lille, fils de feu J.-B., écuyer, seigneur *du Fermont* et *Garsignies,* et de Marie *de Sailly* (1).

Ils ne laissèrent pas d'enfants ;

5° Gilles-Gabriel, écuyer, dominicain, docteur de la Faculté de Paris et de la Sorbonne (2).

VIII. François-Michel GHESQUIÈRE, seigneur *de Stradin* et *Warenghien,* écuyer, échevin de Lille en 1753-54-55-56 et 1762, trésorier héréditaire de la ville de Lille, administrateur de la charité générale, marguillier de la paroisse de La Madeleine. Il releva sa bourgeoisie le 19 février 1753 et devint seigneur de Nieppe après la mort de son frère, Ignace-François, dont il fit le relief le 14 janvier 1773, à l'occasion de l'avènement de Louis XVI. Il acheta la seigneurie *de Warenghien,* le 15 mars 1765, à Philippe

---

(1) *De Sailly : D'or à une croix ancrée de gueules.*

(2) La bibliothèque du château de Nieppe renferme une série de nombreux cahiers de fines découpures, style Louis XIV, très artistiques, dues au travail de ce patient religieux.

Desbuissons (1), dont il servit le relief au mois de mai. Baptisé à la paroisse de La Madeleine, le 11 juin 1717, il mourut, le 10 avril 1792 (2), après avoir épousé, par contrat du 9 novembre 1752, pardevant Maître *Coustenoble*, à Lille, Marie-Claire *Chappuzeau de Beaugé* (3), née à Dijon, paroisse Saint-Michel, le 13 octobre 1724, fille de Paulin-Louis (4), écuyer,

---

(1) La seigneurie *de Warenghien*, située à Avelin, près Lille, rapportait en droits seigneuriaux : 3 rasières, 2 havots, 3 quarels de blé et 24 quarels d'avoine, 6 chapons, 3 quarts et huitième de chapart et un sol d'argent de rentes seigneuriales.

(2) Il a laissé un manuscrit très curieux, orné de gravures, appartenant actuellement à Mre de Messange, et contenant l'histoire de l'église de La Madeleine de Lille, dont il était marguillier. M. de Ternas l'a fait imprimer et publier tout récemment.

(3) *Chappuzeau de Beaugé* : Armes : *D'or au chevron de gueules, accompagné de trois têtes de maures, bandées d'argent, au chef d'azur, chargé de trois pommes de pin d'or, la queue en haut, rangées en fasce.*

(4) Paulin-Louis, cité plus haut, était fils de Daniel *Chappuzeau de Beaugé*, écuyer, secrétaire du Roi à Paris, et baptisé à Saint-Germain-l'Auxerrois, en 1694, et de Claire *de Gamart*.

Il avait un frère nommé Louis, d'après un partage de 1737.

procureur-général des fermes du Roi à Dijon, et de feue Marie-Thérèse *Breckevelt de La Haye* (1).

François-Michel *Ghesquière,* dont le portrait également peint par *Le Bouteux,* en 1740, est conservé au château de Nieppe, laissa cinq enfants :

1° Paulin-Joseph, qui suit ;

2° Marie-Claire, née à Lille le 11 novembre 1754, baptisée à Saint-Pierre, morte à Paris le 21 novembre 1808. Elle avait épousé, par contrat passé à Lille, le 27 avril 1781, devant Maître *Becquart,* notaire, et religieusement à Nieppe le 1er mai suivant, Constant-Guislain-Marie *Watelet d'Assinghem* (2), chevalier, trésorier au Bureau des finances de Lille, né à Arras en mars 1745, mort à Paris

---

(1) *Breckevelt de La Haye,* famille de Lille. Jacques *Breckevelt,* seigneur *de La Haye,* conseiller du Roi, trésorier de France en ladite ville, et Marie *de Lespaule,* son épouse, firent enregistrer leurs armes dans d'Hozier en 1696. Les premières sont : *De sable, à un lévrier rampant d'argent colleté d'or ;* celles de sa femme : *D'azur, à une bande d'argent, accompagnée de deux boucs de même.*

(2) *Watelet d'Assinghem* porte comme plus haut. (Voir page 53 et planche IV.)

le 21 mai 1828, fils de Jean-Guislain, écuyer, conseiller du Roi, lieutenant-général des ville et gouvernance d'Arras, et de Marie-Sophie *de Croix* (1);

3° Jean-Marie-Joseph *Ghesquière*, seigneur *de Millécamps*, écuyer, officier au régiment provincial de Lille en 1774, avait été baptisé à Saint-Pierre de Lille le 25 septembre 1755, mourut sans alliance dans cette ville le 25 février 1791 et fut inhumé en l'église de Nieppe;

4° Michel-Antoine-Joseph *Ghesquière*, seigneur *de Warenghien*, écuyer, capitaine d'infanterie, enseigne aux Gardes-Wallonnes en 1774, puis deuxième lieutenant de grenadiers des Gardes-Wallonnes *de Rosquinet* en 1776. Revenu de l'Espagne en 1782, il fut nommé lieutenant-colonel au régiment de

---

(1) *De Croix*, famille d'Arras, anoblie par lettres du Roi de France en janvier 1580, portait : *D'argent à la croix d'azur*. (Tiré du *Recueil de la noblesse d'Artois*, page 4, par le chevalier de Ternas.)

Royale-Navarre et mourut à Lille, sans alliance, âgé de 33 ans. Il fut inhumé dans l'église de La Madeleine. Jumeau du précédent, il avait été baptisé comme lui, dans la paroisse Saint-Pierre, le 25 septembre 1755 ;

5° Gabriel-François-Joseph *Ghesquière de Stradin*, écuyer, baptisé le 11 février 1769, à Lille, paroisse de La Madeleine, ayant pour marraine Claire *Chappuzeau de Beaugé*, sa grande-tante. Il mourut en bas-âge.

IX. Paulin-Joseph GHESQUIÈRE, seigneur *de Stradin* et *de Nieppe*, écuyer, officier aux carabiniers de France, échevin de Lille, de 1785 à 1790, succéda à son père dans la charge de trésorier héréditaire de cette même ville. Il y releva sa bourgeoisie le 7 novembre 1774, et se fit inscrire au rôle des nobles de la province de Lille, Douai et Orchies, en 1778, afin de faire partie des assemblées provinciales. Il fut convoqué pour celle qui eut lieu le 17 mai 1781. Il acheta à cette époque les seigneuries de Groes-

trate (1), de Rudderghelt (2) et de Renauldelst (3).
Né à Lille, paroisse de La Madeleine, le 17 novembre 1753, il mourut au château de Nieppe, en 1817,
après avoir épousé, par contrat passé à Courtrai
(Belgique), le 16 mai 1774, Marie-Domitille-Fran-
çoise *du Toict de Trieste* (4), fille de Guillaume-
Jacques, vicomte *du Toict de Trieste*, seigneur
d'Ackelgem, Beverswaele et autres lieux, premier
conseiller-pensionnaire de la ville de Courtrai, juge
des domaines et des impôts, dans les provinces des
Pays-Bas, pour l'impératrice douairière *Marie-
Thérèse d'Autriche*, et de Jeanne *Le Monier* (5). Elle
mourut au château de Nieppe en 1821 (6).

---

(1) Ces trois seigneuries, situées sur les communes de Steen-
werck et Nieppe, dépendaient de celle de Dompierre, appartenant au comte *Otton de Velu*, et précédemment, en 1705, à
François *de La Chaussée*, seigneur du Rossignol.

(2) Achetée au sieur Pollart, écuyer, à Mons.

(3) Idem.

(4) *Du Toict de Trieste.* (Voir la planche 4 et la page 57.)

(5) *Le Monier*, famille originaire de Lille, portait : *De
gueules à une annile ou meule de moulin d'or.* (D'Hozier,
Flandre.)

(6) En 1793, sous la Terreur, ayant été menacés par quelques républicains du village, ils le quittèrent précipitamment

Ils laissèrent deux enfants :

1º Auguste-Marie-Joseph *Ghesquière de Stradin de Nieppe*, écuyer, chevalier de la Légion-d'Honneur, sous-préfet de l'arrondissement d'Hazebrouck, colonel de la Garde
Nationale, né le 10 octobre 1777 à Lille, mourut en célibat, au château de Nieppe, le
11 octobre 1819 ;

2º Adelaïde-Marie-Joseph *Ghesquière de Stradin*, dernière *dame* de Nieppe, née le 19 octobre 1774 à Courtrai, morte au château de
Nieppe le 21 juin 1837, avait épousé à Lille,
le 28 germinal an VI (1798), Constant-Philippe *Watelet de Messange* (1), écuyer, chevalier de la Légion-d'Honneur, colonel de la
Garde Nationale de l'arrondissement d'Hazebrouck, sous-préfet de cette ville par intérim,

---

pour aller se cacher dans leur hôtel de Lille (rue des Jardins) ;
mais ils y furent bientôt arrêtés avec leurs enfants et conduits
prisonniers à *la Providence* d'Amiens. Le 9 thermidor, avec la
chute de *Robespierre*, les sauva de l'échafaud.

M. et Mᵐᵉ *Watelet d'Assinghem* partagèrent leur captivité.

(1) *Watelet de Messange*. (Voir page 53 et planche IV.)

membre du Conseil général du département du Nord, maire de Nieppe, mort dans cette commune le 21 mars 1837. Il était fils de Constant-Guislain *Watelet d'Assinghem*, cité plus haut ;

Ils laissèrent deux enfants :

A. Théobald-Constant-Joseph *Watelet de Messange*, écuyer, avocat, décoré de la *Croix du Lys* (1), né à Lille le 20 avril 1800, marié au château d'Herly (Somme) le 11 novembre 1832 à Clary-Hortense *de Bouteville*, fille de Jean-Charles-François, ancien officier d'Etat-Major du Génie, membre du Conseil général de la Somme, ancien maire de Péronne, et de Thérèse-Victoire *Lallart de Gommecourt* (2) ;

Dont trois enfants, rapportés page 54 ;

---

(1) *La Croix du Lys* était une décoration civile créée par le roi Louis XVIII à son entrée en France en 1815, et qui fut supprimée en 1830.

(2) *Lallart de Gommecourt*. (Voir page 51 et planche IV.)

B. Esther-Clara-Joseph *Watelet de Messange*, née le 20 mars 1806, au château de Nieppe, mariée au même lieu le 3 février 1825 au vicomte Charles-François *du Toict de Trieste*, chevalier des Ordres du *Lion-Néerlandais*, du *Phénix* et du *Saint-Sépulcre*, colonel de cavalerie, commandant de la maréchaussée du roi de Hollande, né en 1779, mort à Ixelles-lez-Bruxelles le 10 décembre 1851. Il était fils du vicomte François-Emmanuel *du Toict de Trieste*, seigneur d'Akelghem, Beverswaele, etc., chevalier des Ordres du *Lion-Néerlandais* et du *Christ de Portugal*, officier au service de l'Autriche, chambellan de Sa Majesté l'empereur *Joseph*, membre de l'Ordre *équestre de la Flandre occidentale* (lequel était fils de Guillaume *du Toict*, cité plus haut), et de Marie *de Man de Lennick*, native d'Anvers (1);

---

(1) *De Man de Lennick*, famille noble d'Anvers, portait : *D'argent au chevron de gueules accompagné de trois têtes de maures de sable tortillées d'argent.* (Voir *Nobiliaire de Bourgogne et des Pays-Bas*, par le baron d'H... — Imprimé à Bruges.)

Dont trois enfants :

a. Célina-Adelaïde, née à Bruxelles le
14 décembre 1825, mariée à Ixelles-
lez-Bruxelles le 12 août 1845 à
Charles-Louis *de Bouteville,* avocat,
maire de la commune d'Herly
(Somme), né le 4 août 1805, fils de
Jean-Charles-François, ancien officier d'Etat-Major du Génie, membre du Conseil général du département de la Somme , maire de
Péronne , et de Thérèse-Victoire
Lallart de Gommecourt ;

Dont trois enfants, rapportés page 58;

b. Gustave, né à Ixelles en 1827, mort
la même année;

c. Coralie-Adelaïde, née à Ixelles le
le 6 décembre 1829, mariée au même
lieu, le 22 septembre 1853, à Frédé-
ric-Jean *de La Hault,* attaché d'ambassade pour la Belgique, chevalier

des Ordres de *Danebrog* et de *Charles III* d'Espagne, né le 15 février 1826, mort à Bruxelles en 1882.

Dont quatre fils (1).

---

(1) Une famille *de La Hault* existait dans les Pays-Bas au XVIIme siècle et fut anoblie par lettres de l'an 1659 en la personne d'un Antoine *de La Hault*. (Voir le *Nobiliaire de Bourgogne et des Pays-Bas, Vegiano,* par le baron d'H..., imprimé à Bruges, tome III, page 973.) Nous ne savons si celle-ci est la même et si elle peut s'y rattacher d'une manière certaine (*).

(*) La famille *d'Audenarde,* citée plus haut à la page 103, est également mentionnée dans ce même *Nobiliaire,* comme étant la souche des *d'Audenarde d'Ogenbrugghe.* (Voir tome III, page 1495.)

GÉNÉALOGIE DE LA FAMILLE LINART

SEIGNEURS *d'Aveluy, Lambourg, Hochecoq et Authuilles.*

ARMES : *D'argent au chevron d'azur, chargé de trois besans d'argent, accompagné en chef de deux coqs d'azur et en pointe d'un lion de même.* (Planche III.)

I. Adrien LINART, procureur à Ancre (Albert), né vers 1570, marié le 25 février 1603, à Marie-Anne *de Pieffort* (1).

Dont :

II. Nicolas LINART, receveur de la ville et du

---

(1) *De Pieffort.* (Voir la planche III.)

marquisat d'Ancre, né en 1604, marié à Florence
de La Porte (1).

Dont :

III. Jean LINART, seigneur *d'Aveluy, Lambourg,
Hochecoq,* capitaine du château d'Ancre (Albert),
marié à Michelle *Pourcelet* (2). Il était né vers 1630.

Dont trois enfants :

1° Christophe *Linart,* qui suit ;

2° Marie-Anne *Linart,* mariée à Robert *de
Bouteville,* seigneur dudit lieu, et *d'Aubigny, Gamélon,* etc., avocat en Parlement, fils
de Jean, avocat en Parlement et receveur
des consignations, mayeur de Péronne en
1698-1699 ;

3° Demoiselle N... *Linart,* mariée à N. *O'Doyen,*
seigneur *d'Hautclaire,* capitaine du château
d'Albert.

---

(1) *De la Porte,* famille de Péronne, qualifiée du titre
d'écuyer, portait : *De gueules à un croissant d'argent, chargé
de cinq mouchetures d'hermines.* (D'Hozier.)

(2) *Pourcelet :* Armes : *D'or à trois hures de sable posées
deux et une.*

IV. Christophe LINART, écuyer, lieutenant au régiment Dauphin-Dragons en 1696, conseiller et secrétaire du Roi, seigneur d'*Aveluy*, *Lambourg*, *Hochecoq* et *Authuille*, marié le 17 décembre 1696 à Louise *du Plessier* (1), fille de Charles-Louis, chevalier, seigneur de *Certemont*, etc., lieutenant de la compagnie d'ordonnance du marquis de *Soyecourt*, et gouverneur d'Albert, et de Marie *Oger de Cavoye* (2).

Dont huit enfants :

1° Jean-Gilbert-Christophe, écuyer, qui suit ;

2° Marie - Hyacinthe *Linart*, mariée à Guil-

---

(1) *Du Plessier*, famille de Picardie. On trouve en 1696, dans d'Hozier, un Charles *du Plessier*, chevalier, seigneur *de Biache*, qui fait enregistrer ses armes ; un autre *du Plessier*, chevalier, seigneur *de Fransart*, *Athencourt* et autres lieux, capitaine dans le régiment royal d'artillerie. Armes : *D'argent à une fasce de gueules chargée d'une vivre d'argent, écartelé d'or à cinq pattes d'oyes de sable.*

(2) *Oger de Cavoye*, de Picardie. Un Gilbert, chevalier, seigneur *de Beaufort*, maréchal-des-camps des armées du Roy, fit enregistrer dans d'Hozier ses armes qui sont : *De sable, à une bande d'or, chargée de trois lions de sable.*

laume-Gaspard *de Tende,* chevalier, seigneur
de Bécourt ;

Dont quatre garçons et une fille ;

3° Hyacinthe *Linart,* mariée à Victor-Emma-
nuel *de Lindes,* écuyer, seigneur de *Bécourt-
au-Bois;*

4° Catherine-Michelle *Linart,* mariée à Phi-
lippe-François *de Wasservas,* écuyer, chevalier de Saint-Louis, major de Bapaume et
seigneur *de Sappigny* (1) ;

Dont deux enfants :

A. Louis *de Wasservas,* major de Bapaume,
capitaine au régiment de Penthièvre, né
à Albert en 1726, marié au château de
La Chapelle (près Armentières) (Nord),
le 16 avril 1770, à Marie *Obert d'Hos-
tradt,* fille de Maximilien, vicomte *Obert,*

---

(1) *De Wasservas,* originaire de Picardie. Evrard *de Wasservas,* écuyer, et sa femme Isabelle *de Broïde,* firent enregistrer leurs armes dans d'Hozier : *D'azur à trois aiguières d'or.*

seigneur *de Grévillers*, et de Marie *de
Hangre* (1) ;

B. Catherine-Elisabeth-Julie *de Wasservas*, mariée à Louis-Philippe *de Monnet*, chevalier, seigneur *de Bazantin,
La Bargne*, etc., chevalier de Saint-
Louis, capitaine dans Cambise-Infanterie (2) ;

5° Nicolas *Linart d'Aveluy*, écuyer, seigneur
d'Hochecoq, docteur en théologie de la maison et société de Sorbonne, né à Aveluy le
23 décembre 1708;

---

(1) Obert *de Grévillers*, vicomte, famille de Flandre, anoblie
en 1585, encore existante, porte : *D'azur, à un chevron d'or,
accompagné de trois chandeliers de même posés deux et un.
[Recueil de la noblesse de Flandre*, par le chevalier de Ternas.)

(2) *De Monnet de La Marque* porte : *Parti au premier
d'azur, à un lion d'or écartelé d'or à trois colonnes de sable
deux et une, surmontées de trois roses de gueules, et au
deuxième d'azur à une tour crénelée de cinq pièces d'argent,
soutenue de demi-vols d'argent.* Philippe *de Monnet de La
Marque*, chevalier, seigneur *de Saint-Martin, Bazantin, Hamel*
et *Hocheut*, commandant en la ville et château de Dinan, pen-
sionnaire de Sa Majesté, fit enregistrer ses armes en 1696 dans
d'Hozier.

6° Jean-Baptiste *Linart d'Aveluy*, écuyer, seigneur *d'Hochecoq*, mort le 23 mai 1729 à 18 ans ;

7° Louis - Guislain *Linart d'Aveluy*, écuyer, capitaine au régiment Dauphin-Infanterie, mort au choc de Coberne en 1735 ;

8° Louis *Linart d'Aveluy*, écuyer, capitaine au régiment Dauphin-Infanterie, chevalier de Saint-Louis, marié à Anvers à Catherine-Aurélie-Joseph *Botten*, le 18 mars 1748, paroisse Saint-Jacques.

V. Jean-Gilbert-Christophe LINART, écuyer, seigneur *d'Aveluy*, *d'Authuille, Lambourg, Hochecoq*, marié le 13 avril 1726 à Marie-Elisabeth *de Louvencourt* (1).

---

(1) *De Louvencourt,* ancienne famille de Picardie. On trouve en 1696 un Eustache, écuyer, seigneur *de Blangy, Lorny, Valavergy*, capitaine de cavalerie ; un Florent, conseiller du Roi à Amiens ; un François, écuyer, seigneur *du Chaussoy ;* Françoise, épouse de Charles *Pignet de Moyencourt*, écuyer, etc. Porte : *D'azur, à une fasce d'or chargée de trois merlettes de sable, et accompagnée de trois croissants d'argent, deux en chef et un en pointe.*

Dont quatre enfants :

1° Nicolas-Christophe qui suit ;

2° Louise *Linart d'Aveluy* ;

3° N.... *Linart d'Aveluy*, écuyer, marié à N....
de Hertes de Kailles, fille de N..., président
au présidial d'Amiens (1) ;

Dont :

N.... *Linart* ;

4° Marie-Cla.... *Linart*, mariée à Florent *de Sa-chy de Marcellet*, procureur du Roi au bailliage d'Amiens (2) ;

Dont :

N... *de Sachy de Marcellet*, marié à Marie-
Elise-Rosalie *de Pingré de Cuvillon* (3).

---

(1) *De Hertes de Kailles*, famille de magistrature d'Amiens,
portant le titre d'écuyer. Armes : *D'azur à trois soucis d'or.*

(2) *De Sachy*, originaire de Picardie. Pierre *de Sachy*,
écuyer, seigneur *de Belloy*, lieutenant criminel de robe courte
au présidial d'Amiens, fit enregistrer dans d'Hozier les armes
suivantes : *Echiqueté d'argent et de sable à une bordure
d'azur.*

(3) *Pingré de Cuvillon*, famille noble de Péronne, portait :
D'argent à un pin arraché de sinople, fruité d'or.

VI. Nicolas-Christophe, ou Christophe-François
LINART, seigneur *d'Aveluy, Lambourg, Authuille,*
Hochecoq, écuyer, né le 25 avril 1738, marié le 26
septembre 1757, dans l'église de Quéranvillers, à
Marie-Adelaïde *de Gommer de Quéranvillers* (1);

Dont deux enfants :

1° Alexandre-David, qui suit ;

2° Marguerite-Madeleine *Linart d'Aveluy,* née
à Aveluy le 11 janvier 1761.

VII. Alexandre-David LINART, écuyer, seigneur
d'Aveluy, Authuille, Divion, etc., demeurant au
château d'Aveluy près Albert, où il était né le 13

---

(1) *Gommer de Quéranvillers,* anobli par lettres de 1512,
données à Malines pour Jean *Gommer,* conseiller à la gouvernance de Lille. Michel *Gommer* fut armé chevalier par l'archi-
duc Albert en 1600.

Armes : *De sable à la fasce d'or, chargé de trois aiglettes
de gueules et accompagné de treize billettes couchées d'or,
posées sept en chef quatre et trois, six en pointe, trois, deux
et un.* (*Recueil de la noblesse des Pays-Bas, Flandre et Artois,*
par le chevalier de Ternas.)

décembre 1759, baptisé le 15, sous-lieutenant au régiment de Dragons-Chartres, marié en 1784 à Catherine-Joseph *Manessier*, demoiselle de *Sélin-court*, née à Abbeville, paroisse Saint-Eloy, le 9 décembre 1762 (1).

Dont une fille unique :

Hermine *Linart d'Aveluy*, née en 1785, mariée à Charles-Armand-Alexandre, marquis *de Fleschin*, né le 9 janvier 1767, demeurant au château d'Aveluy (2), dont postérité continuée jusqu'à nos jours et possédant encore le château d'Aveluy près Albert.

---

(1) *Manessier :* On trouve un François *Manessier*, écuyer, seigneur *de La Motte*, lieutenant-colonel de cavalerie, qui fait enregistrer ses armes qui sont : *D'argent, à trois hures de sanglier de sable.* (D'Hozier, *Flandre.*)

(2) *De Fléchin :* Armes :
Cette famille fut décorée du titre de marquis par lettres de Louis XIV, en novembre 1693, en la personne de François *de Fléchin*, écuyer, seigneur *de Wamin*, terre qui fut érigée pour lui en marquisat. (Voir le *Recueil de la noblesse des Pays-Bas, de la Flandre et de l'Artois*, par le chevalier de Ternas.

DE PIEFFORT

ARMES : *D'azur à deux lions armés et lampassés d'argent, au chef de gueules chargé de trois trèfles d'argent.* (Voir planche III.)

Nicolas DE PIEFFORT, capitaine du château-fort d'Ancre (ou Albert), et receveur dudit marquisat, né vers 1550, marié : 1º à Marie *Gossart* (1) ; 2º à Cécile *Le Sénéchal* (2).

---

(1) *Gossart*, famille de Laon. Un Jacques *Gossart*, conseiller du Roi en l'élection de cette ville, fit enregistrer, en 1696, ses armes dans l'*Armorial* de d'Hozier qui sont : *D'argent à une fasce de gueules, accompagnée en chef de trois étoiles d'azur et en pointe d'une canette de sable sur une rivière de sinople.*

(2) *Le Sénéchal : D'azur à une fasce d'argent, accompagnée de trois croissants du même.* (D'Hozier.)

Dont douze enfants :

1º Françoise, née en 1585, mariée le 25 janvier 1605 à Louis *Quignon* (1), conseiller du Roi au présidial d'Amiens ;

Dont :

A. Marie *Quignon,* née en 1606, morte le 11 septembre 1648, mariée le 3 août 1627 à Romain *de Bouteville,* seigneur *dudit lieu,* conseiller du Roi à l'élection de Péronne, fils d'Arthus, conseiller du Roi, et de Marie *Le Caron ,* dont postérité, voir page 21 ;

2º Jeanne, mariée à Charles *Pouy* ou *du Pouy,* garde-des-sceaux royaux en la prévôté de Fouloy-les-Corbie (2) ;

3º Marguerite, mariée à Anselme *de Lannoy,* à Péronne, le 26 juin 1613 (3) ;

---

(1) *Quignon.* (Voir la planche III.)

(2) *Du Pouy : D'or à une fasce d'azur.* (D'Hozier, *Flandre.*)

(3) *De Lannoy : D'argent, à trois lions de sinople, posés deux et un.* (D'Hozier.)

4º Adrien ;

5º Anne ;

6º Catherine, mariée à Antoine *Cabre,* le 15 septembre 1626 ;

7º Madeleine, sans alliance ;

8º Nicolas, qui suit ;

9º Marie-Anne, mariée le 25 février 1603, à Adrien *Linart d'Aveluy,* procureur à Ancre (Albert) (1) ;

Dont:

A. Nicolas *Linart d'Aveluy,* né en 1604, receveur de la ville et du marquisat d'Ancre, marié à Florence *de La Porte* (2) ;

Dont :

a. Jean *Linart,* écuyer, seigneur d'*Aveluy,* de *Lambour* et de *Hocho-*

---

(1) *Linart d'Aveluy.* (Voir la planche III.)

(2) *De La Porte,* famille de Péronne qui portait le titre d'écuyer ; l'un de ses membres était commissaire provincial de l'artillerie dans cette ville, en 1696.

Armes : *De gueules, à un croissant d'argent, chargé de cinq mouchetures d'hermines de sable.* (D'Hozier.)

cocq, né en 1630, marié à Michelle *Pourcelet* (1) ;

Dont trois enfants :

Parmi lesquels, Marie-Anne *Linart d'Aveluy,* mariée le 15 avril 1697 à Robert *de Bouteville,* seigneur *dudit lieu, d'Aubigny, Gamelon,* etc., avocat en Parlement et au bailliage de la ville de Péronne ;

10° Jacques, né en 1598, marié à Madeleine *Lévêque* (2) ;

11° Philippe *de Pieffort,* né vers 1599, marié :

---

(1) *Pourcelet :* Armes : *D'or à trois hures de sable, posées deux et une.*

(2) *Lévêque,* famille de Péronne qui portait : *D'argent, à un chevron fascé de sable et d'or de six pièces.*
Une dame Catherine *Lévêque,* fille de N. *Lévêque,* avocat au bailliage, vivant en 1660, épouse de *Vaillant de Bovent,* était femme auteur et poëte fort estimée en son temps. On a d'elle un recueil de poésies charmantes. Une longue notice lui est consacrée dans les *Chroniques Péronnaises,* de M. Gustave *Ramon.* (Imprimées à Péronne chez Quentin.)

1° à Barbe *Fouchet*, sans hoirs (1); 2° à Jeanne *Pellaguet*;

Dont trois enfants :

A. Nicolas, sans alliance ;

B. Philippe, sans alliance;

C. François, marié à N... *Le Febvre*;

Dont trois enfants :

a. François ;

b. Nicolas;

c. Joseph ;

12° Marie *de Pieffort*, née en 1601, mariée à Nicolas *de Lagréné*, procureur au bailliage d'Amiens, d'où les *de Lagréné du Chaussoy* (2).

---

(1) *Fouchet,* famille noble de Péronne. Claude *Fouchet*, conseiller du Roi, receveur des amendes des justices royales de cette ville, fit enregistrer ses armes dans *d'Hozier*, qui sont : *D'or, au cœur de carnation, chargé de trois besans d'argent, accompagné de trois têtes de lévriers de gueules.*

(2) *De Lagréné,* originaire de Picardie. Pierre *Lagréné*, écuyer, seigneur de *La Motte,* fit enregistrer dans d'Hozier, en 1696, ses armes qui sont : *D'argent, à un chevron engrelé d'azur.*

II. Nicolas DE PIEFFORT, directeur-général des domaines de Normandie et commis par le Roi pour la recherche de la noblesse en cette province, puis procureur fiscal et receveur du marquisat d'Ancre, marié à Barbe *Carette* (1).

Dont Victor, qui suit.

III. Victor DE PIEFFORT, receveur des aides et des tailles de la ville d'Albert, marié : 1° en 1657 à Jeanne *Pingré de Cuvillon* (2) ; 2° le 26 septembre 1662 à Marguerite *de Villers* (3).

Dont Joseph-Victor, qui suit.

---

(1) *Carette* porte : *Burelé de gueules et d'argent de huit pièces, à une cotice ondée de sable, brochant sur le tout, écartelé de sable à un chevron d'or.* (D'Hozier.)

(2) *Pingré,* seigneur de *Cuvillon, Goux, Fricamps, Foucaucourt* et *Vraignes,* famille d'Amiens qui portait les titres d'écuyer et de chevalier.
Armes : *D'argent à un pin arraché de sinople fruité d'or.* (D'Hozier.)

(3) *De Villers,* famille de Picardie. François *de Villers,* seigneur d'*Oricourt,* conseiller du Roi, lieutenant en la maîtrise des eaux et forêts d'Amiens, fit enregistrer dans d'Hozier ses armes qui sont : *D'or à trois roses de gueules, tigées et feuillées de sinople, posées deux et une.*

IV. Joseph-Victor DE PIEFFORT, seigneur de *Villers-Carbonnel*, conseiller du Roi, lieutenant criminel à l'élection de Péronne, mort le 17 février 1721, marié à Barbe *du Rasand* (1).

Dont : François-de-Paul, qui suit.

V. François-de-Paul-Florimond DE PIEFFORT, seigneur de Villers-Carbonnel, conseiller du Roi, président de l'élection de Péronne, mayeur de cette ville en 1761, 1762, 1763, marié à Anne-Françoise *Sentier*, fille de Charles *Sentier*, seigneur de *Chuigne* et de Anne *Poulain*.

Dont cinq enfants :

1° Marie-Louise, mariée le 2 septembre 1768 à Charles-François *Le Mayeur de Simancourt*, écuyer, prévôt royal de la ville de Cambrai, fils de Charles, écuyer, conseiller au Conseil d'Etat (2) ;

---

(1) *Du Rasand : De sable à un pal d'argent, écartelé d'or.*

(2) *Le Mayeur*, famille d'Artois anoblie par lettres données à Versailles par Louis XIV en 1708. Elle possédait alors la seigneurie de Beugnastre et portait : *D'azur, à trois étoiles d'argent mal ordonnées.* (Tiré *du Recueil de la noblesse d'Artois*, par le chevalier de Ternas.)

2º Geneviève, mariée le 16 juin 1772 à Louis *Froment*, chevalier, seigneur du *Rot*, du *Gard*, du *Quesne* et des *Rameaux*, président trésorier au bureau des finances d'Amiens;

3º Louis-Joseph *de Pieffort*, conseiller du Roi, maître en la Chambre des comptes de Paris en 1774, marié en 1782 à N... *Santereau du Part* (1) ; *tout une fille mariée au marquis de Broin*

4º Anne-Barbe, mariée au baron Louis-Joseph-Marie *de Warenghien,* premier président à la Cour impériale de Douai (2) ;

Dont plusieurs enfants, parmi lesquels :

A. Louis-Philippe-François, baron *de Warenghien,* commissaire des guerres de première classe, chevalier de Saint-Louis et de la Légion-d'Hon-

---

(1) *Santereau du Part* (baron), (Alsace).
Armes : *D'azur à la croix d'or cantonnée de quatre faucons d'argent.*

(2) *De Warenghien* (baron), famille de Douai encore existante, qui portait avant 1789 : *D'azur au chevron d'or, accompagné de trois besans de même,* et actuellement : *D'or à trois léopards superposés de sable.*

neur, maire de Douai, marié à Marie-
Françoise-Thérèse-Victoire *Delam-*
bre ;

Dont quatre enfants :

a. Charles-Florimond , baron *de*
Warenghien, conseiller à la Cour
impériale de Douai , marié à
Sylvie *Bonné,* dont trois enfants ;

b. Amélie *de Warenghien* , mariée
à Charles-Florent *Joly de Sailly,*
écuyer, dont six garçons et deux
filles (1) ;

c. Jules-Lamoral *de Warenghien,*
écuyer, président du Tribunal de
Valenciennes , marié à Emélie
Ewbanck, dont une fille et un
fils ;

d. Adèle *de Warenghien,* mariée à
Henri *Bourguignon d'Herbigny,*

---

(1) *Joly de Sailly,* famille noble de Picardie, habitant actuellement au château d'Agnetz (Oise). Armes : *D'azur au lion*
d'or, accompagné en chef d'un croissant d'argent entre deux
étoiles à six raies d'or.

conseiller de Préfecture à Lille, dont sept enfants ;

5° Françoise-Joséphine *de Pieffort,* mariée à Péronne le 5 mai 1777, à Louis-Théodose-Joseph *de Francqueville,* sʳ *de Bourlon, Elimont, la Tour,* etc., chevalier, conseiller au Parlement de Flandre, né à Douai en 1747, mort au château de Bourlon en 1808 (1) ;

Dont trois enfants :

A. Louise *de Francqueville,* née à Douai en 1778, morte à Cambrai, en 1805, mariée à Pierre *de Lagréné* (2), maire de

---

(1) *De Francqueville de Bourlon,* famille du Cambraisis anoblie par charge de secrétaire du Roi en la chancellerie du Parlement de Flandre, en 1718. (Registre de ce Parlement, archives de Douai.)

Armes: Robert *de Francqueville* fit enregistrer ses armes en 1697 dans l'*Armorial* de d'Hozier, page 92 (*Flandre*), qui sont : *D'azur au lambel d'or en chef, accompagné en pointe d'une étoile d'or.*

Elle porte actuellement : *De gueules au chef d'or.*

(2) *De Lagréné* (Picardie). Un Pierre *Lagréné,* seigneur de *La Motte,* écuyer, fit enregistrer ses armes dans l'*Armorial* de d'Hozier, en 1696, qui sont: *D'argent à un chevron engrelé d'azur.*

la commune de Calonne, officier de cavalerie, fils d'Antoine et d'Elisabeth *Torchon de Lihu*, laquelle était fille de Claude, seigneur *de Lihu*, avocat en Parlement et au bailliage de Péronne ;

B. Adrien, qui suit ;

C. Henri-Louis *de Francqueville de Bourlon*, écuyer, né à Douai en 1783, domicilié à Boyelles, près Amiens, et mourut dans cette ville en 1866.

Adrien-François *de Francqueville de Bourlon*, écuyer, né à Douai en 1780, mort à Paris en 1849, après avoir épousé, à Douai, sa cousine, Marie *de Francqueville*, fille de Henri, chevalier, conseiller, président à mortier au Parlement de Flandre, et de Joséphine *de Forest de Quartdeville* (1).

---

(1) *De Forest de Quartdeville*, famille de magistrature de Douai. Nicolas *de Forest*, conseiller au Parlement de Flandre, fit enregistrer ses armes à l'*Armorial* de d'Hozier en 1696, qui sont : *D'or, à un lion de gueules, tenant dans ses pattes de devant une banderolle de même, coupée d'azur à trois pigeons dits merlettes d'argent.*

Dont six enfants :

a. Aimée-Marie, née à Douai en 1809 ;

b. Camille-Victor, né à Douai, mort en cette ville en célibat ;

c. Louis-Désiré, qui suit ;

d. Marie-Antoinette, née à Douai en 1817, mariée à Paris en 1839, à Louis *Legras*, marquis *du Luart* (1) ;

e. Emile, écuyer, né à Douai en 1818, mort en célibat ;

f. Marie-Françoise-Mathilde, née en 1820, mariée à Paris, en 1842, à Louis *des Rues*, marquis *de Rougé* (2).

---

(1) *Legràs du Luart* (marquis), originaire du Maine, porte : *D'azur, à trois rencontres de daim d'or.* (Etat présent de la noblesse, publié par Bachelin, Paris.)

(2) *Des Rues de Rougé* (marquis), famille de Bretagne qui fut représentée aux Croisades et aux Etats-Généraux de cette

Louis-Désiré *de Francqueville de Bourlon,* écuyer, né à Douai en 1815, marié à Paris, en 1837, à Anne-Marie *Fayant de Vilgruy,* fille du baron *Fayant de Vilgruy.*

Dont :

aa. Roger *de Francqueville de Bourlon,* écuyer, lieutenant d'Etat-Major, marié en 1879 à Marie *de Mun,* fille du marquis *de Mun* (1) et de Pauline *de Ludre* (2) ;

bb. Jeanne-Blanche, née en 1850, mariée à Paris, en 1870, au comte

---

province ; la seule branche encore existante est établie en Anjou depuis le XVIᵉ siècle. Armes: *De gueules, à la croix pattée d'argent.* (Même source, citée plus haut.)

(1) *De Mun* (marquis), natif de Bigorre : *D'azur au globe d'argent.* (Même ouvrage.)

(2) *De Ludre* (comte), de la Bourgogne, porte: *Bandé d'or et d'azur de six pièces, à la bordure engrelée de gueules.*

Anne-Philippe *de Rohan - Cha-bot* (1) , fils du comte Louis-Charles et de la marquise Sido-nie - Marie - Caroline *de Bien-court* (2).

Elle mourut à Paris en juin 1884.

---

(1) *Rohan-Chabot* (duc), branche aînée prince *de Léon*, cadets comtes. Originaire du Poitou, porte : *Ecartelé aux un et quatre de gueules à neuf macles d'or, qui est Rohan, aux deux et trois d'or, à trois chabots* (poissons) *de gueules qui est Chabot.* (Tiré du même ouvrage.)

(2) *De Biencourt* (marquis) , famille de Picardie, porte : *De sable au lion d'argent.*

PIÈCES JUSTIFICATIVES

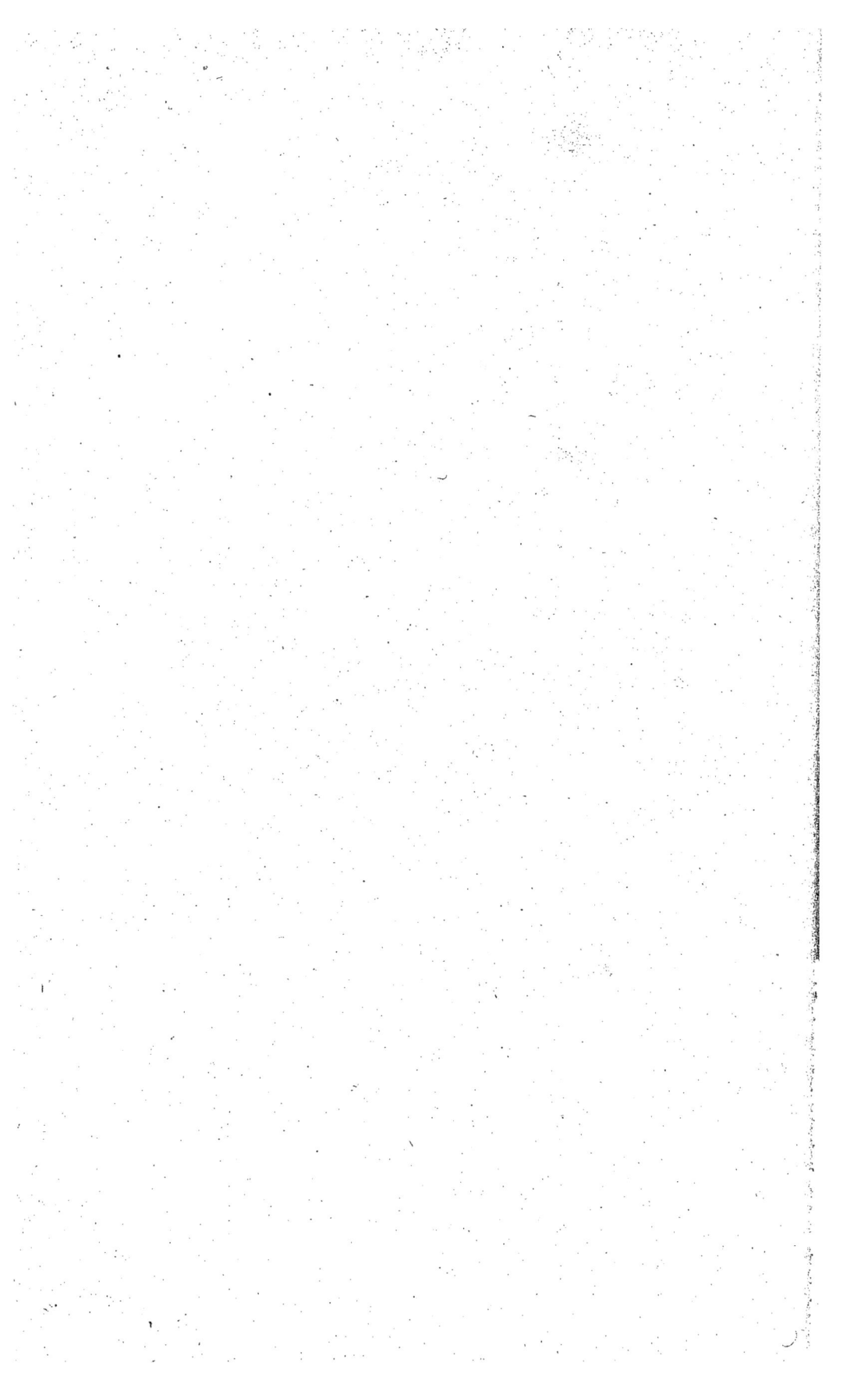

DISCOURS

prononcé aux Obsèques de M. le baron Eugène
DE BOUTEVILLE, *le 18 Décembre 1883*

Par M. LEGRAND

Conseiller général du Nord

MESSIEURS,

Je viens, en ma qualité de conseiller général, saluer, d'un affectueux et suprême hommage, l'éminent collègue que nous avons perdu.

M. le baron de Bouteville est né en novembre 1824.

Son père, sous-préfet de Péronne, quitta l'administration en 1830.

Le jeune de Bouteville comprit bien vite que dans notre société moderne ni la naissance, ni la fortune ne donnent droit à l'oisiveté. On peut dire sans crainte d'être démenti par personne que le travail, sous des applications multiples fut la règle et l'honneur de sa vie.

Successivement bachelier ès-lettres, avocat, docteur en droit, il se préparait à entrer au Conseil d'Etat lorsqu'en 1848 la mort de son père le rappela à Hornaing.

Il trouva dans cette commune une voie qui s'ouvrait à son activité, à sa passion du bien.

10

Dirigeant lui-même l'exploitation du domaine paternel, améliorant les procédés de culture, bon et accessible pour tous, conciliant et apaisant par ses conseils tous les différends, toutes les rancunes, il ne tarda pas à acquérir dans la région une légitime influence.

Aussi nul ne s'étonna, en 1858, de voir M. de Bouteville arriver de plein-pied au siége de conseiller général.

De l'avis de tous ce fut une vaillante et utile recrue !

Nature militante, esprit incisif et pratique, travailleur infatigable, nul mieux que lui n'a possédé les matières départementales ; nul n'a étudié avec plus de zèle, ni défendu avec plus de dévouement les justes revendications de nos industries, de notre agriculture, nul n'a été plus assidu à nos séances, nul n'intervenait dans les discussions avec plus d'à-propos, guettant, pour ainsi dire, la solution qu'il mettait en lumière, parfois avec une malice de bon aloi que ses adversaires lui pardonnaient volontiers.

Je le vois encore, à notre session d'août, se dépensant et se multipliant comme si un pressentiment lui eut révélé que ses heures étaient comptées, lorsqu'un jour il fut frappé à la peine comme un soldat sur la brèche !

Trois mois plus tard M. de Bouteville mourait, fidèle à toutes ses convictions, fidèle à toutes ses amitiés.

Faut-il rappeler ici les services rendus plus spécialement aux communes et aux habitants de Marchiennes ?

Le deuil universel qui entoure cette tombe parle trop haut pour que je veuille affaiblir, en essayant de l'interpréter, cet éclatant témoignage de la reconnaissance publique !

Une pensée, Messieurs, adoucit nos regrets ; notre ami ne disparaît pas tout entier.

Le 1er mai 1867, il s'alliait à une famille considérable dont la notoriété agricole est séculaire. Il épousait Mademoiselle Rosalie Desmoutiers et devenait le gendre de notre doyen si sage et si vénéré de notre assemblée départementale.

M. le baron de Bouteville laisse après lui sa veuve, la digne et excellente compagne de sa vie.

Il laisse la meilleure part de lui-même, ses trois enfants ; deux charmantes petites filles, un jeune fils qui m'écoute en ce moment, abîmé dans sa douleur, héritier d'un nom et d'un passé qui obligent.

Il laisse à tous le fortifiant exemple d'une existence utile et de devoirs accomplis.

Adieu cher et regretté collègue, adieu ! vous ne serez pas oublié.

PIÈCES JUSTIFICATIVES

COPIES TEXTUELLES DE PARCHEMINS.

Relief de 1661. — Le 8 février de ladite année, il est servi un relief pour trois fiefs situés sur Bovent et Herleville, relevant du duc de Chaulnes, Charles d'Ailly, pair de France, par *noble homme* Romain *de Bouteville*, conseiller du Roy à Péronne. Lesquels fiefs lui sont venus par le décès de Marie *Le Caron,* sa mère.

(Original sur parchemin, archives du baron *de Bouteville.*)

Relief du 17 juillet 1680, servi pour les trois mêmes fiefs cités plus haut par l'abbé François *de Bouteville,* curé de Cléry, qui en a hérité par le décès de *noble homme* Romain *de Bouteville,* son père, vivant conseiller du Roy, président du grenier à sel de Péronne.

(Même source.)

PARCHEMINS FAISANT PARTIE DES PAPIERS DE MADAME
DE MESSANGE, NÉE DE BOUTEVILLE.

(Acte de vente de 1685.)

Comparurent Jean *Leclercq*, fermier du moulin
de Montauban, et Pasquette *Patte*, sa femme de lui
autorisée ; lesquels ont reconnu avoir loyalement
vendu, cédé et transporté, etc...... au profit de *noble
homme,* Me Jean *de Bouteville*, advocat en Parlement, demeurant à Péronne, présent acceptant,
tant pour lui, ses hoirs et ayant cause, la quantité
de seize quartiers de terres labourables situés à
Montauban, etc.......

(Signé) POTTEL.

———

(Bail de terre de 1684.)

A tous ceux qui ces présentes oiront; pardevant
nous, Claude *Vaillant,* sr *d'Hervilly* et autres lieux,
conseiller du Roy au présidial et gouvernement de
Péronne, savoir faisons que pardevant Me François
Legramez, et Me Mathieu *Gaulthier*, notaires royaux
à Péronne, sont comparus : Jacques *Patte*, labou-
reur à Montauban, d'une part, et *noble homme* Me
Jean *Bouteville*, sr *de Beauvoir*, advocat en Parlement et siéges royaux de Péronne, d'autre part, etc.,

etc......., accorde en bail une quantité de quinze journaux de terre labourable, située à Montauban, etc., etc.......

(Signé) GAULTHIER & LEGRAMEZ.

Au bas de l'acte se trouve une note de la *main même* dudit bailleur *de Bouteville*, ainsi conçue : « *Les droits seigneuriaux de Monsieur de Bouteville pour les neuf journaux de terre derniers déclarés au susdit contrat, et ainsi que mes officiers de ma seigneurie de Montauban, furent enregistrées à Péronne le huitième novembre mil six cent quatrevingt et quatre.* »

(Autre parchemin, bail de 1685.)

Sachent tous que ce jourd'huy jeudi, cinquième jour d'avril mil six cent quatre-vingt-cinq, parde-vant nous Claude *Vaillant*, sʳ *d'Hervilly* et autres lieux, conseiller du Roy, président et lieutenant-général au gouvernement de Péronne, ce esté faire ce qui en suit. Cy la cause *de très noble homme* Jean *Bouteville*, sʳ *de Beauvoir*, advocat en Parlement et au bailliage de Péronne, demandant que Jean *Leclercq*, meunier du moulin de Montauban, y demeurant, etc., etc.

Signé : GAULTHIER.

MONUMENT ÉLEVÉ AU COUVENT DES CAPUCINS
avec l'inscription suivante.

Cy-devant git et repose le corps d'Antoine *Louvel*,
écuyer et seigneur *de Fontaines* et autres lieux, conseiller du Roi et lieutenant-particulier et assesseur
criminel au gouvernement et prévôté de Péronne
et huit fois mayeur de ladite ville, et père syndic
des RR. PP. Capucins de ce couvent duquel les
mérites et singulières vertus conserveront la mé-
moire en bénédiction. Il trépassa le 18 octobre
1669.

Priez Dieu pour son âme !

Sa femme, dame Marie *Le Fèvre*, décédée le 18
janvier 1689, fut inhumée à côté de lui.

—————

FIEF DE BOUTEVILLE.

Pour cette seigneurie, d'une importance toute
particulière, nous avons tenu à donner des preuves
certaines de ce que nous avancions, et, en consé-
quence, avons voulu en puiser sur les lieux même.

Voici la lettre qui nous a été répondue à ce sujet
et qui prouve que le nom en a été conservé dans le
pays, bien que par suite de partages récents il ait
été fort divisé.

M   ,

A l'extrémité d'un chemin qui, partant du village de *Suzanne*, se perd dans la plaine du côté d'*Albert* et qui est connu sous le nom de route d'*Ancre*, il y a, en effet, une partie de terres à labour appelée : *Les Champs Bouteville.*

C'est le seul renseignement qu'il me soit possible de vous donner ; mais son propriétaire actuel, M. *Carpeza,* qui habite cette localité et qui est le plus aimable des hommes, pourra vous en fournir de plus complets.

Veuillez, M   , agréer, etc....,

Signé : C. DELORME,
Curé de Suzanne.

Suzanne, le 27 mars 1884.

———

LE FIEF DE TILLOIS, mouvant de la seigneurie d'Omiécourt, près Péronne consistait :

1º En moyenne et basse justice, droits seigneuriaux et de mutation au renouvellement d'hommes et censives en grains, volailles et argent. Emportant défaut, saisie et amende suivant la coutume de Péronne, et perceptibles, soit à cause dudit fief de Tillois ou à cause de la seigneurie d'Hyencourt-le-Grand, dans l'étendue des villages d'Omiécourt, Montroyant, Hyencourt-le-Petit et environs ;

2° Quinze journaux, un quartier de domaine labourable grévés d'une prestation de cinq chapons, quatre pains et deux sols, six deniers, à servir chaque année à l'église Notre-Dame de Nesle.

Il avait été acquis de Louis *Frion,* sr *Hyencourt-le-Grand* , de Marie *Frion*, sa sœur , veuve de Claude *Rabache,* demeurant tous deux à Péronne, et de Daniel *Frion de Méry,* avocat à Paris. (Acte de vente, archives du baron *de Bouteville*).

FIEF D'OMIÉCOURT-FORCEVILLE.

Charles *de Forceville,* chevalier, seigneur dudit lieu, y demeurant, donne pouvoir à François *de Riencourt,* chevalier, seigneur *d'Andechy,* de vendre son domaine et seigneurie *d'Omiécourt-Forceville* qui lui vient de la succession de Mademoiselle Marguerite *de Forceville,* sa tante, consistant en : Cinquante-deux journaux de terre labourable, restante d'une plus grande quantité qui compose ce fief, censives, et dépendances, etc., dont cinquante journaux *fief noble,* et deux journaux *roture.* (Acte de vente de 1711.)

ACCORD PASSÉ EN 1785 POUR LA SEIGNEURIE
D'OMIÉCOURT.

Entre Messire Pierre vicomte *d'Hervilly-Canisy*,
capitaine de dragons, s^r *de Deniécourt, Etrée, Fay,
Ablaincourt* et autres lieux, demeurant en son château de *Deniécourt* d'une part, et Furcy *Brulé de
Bexune*, procureur en Parlement de Paris, procureur de noble dame Marie-Thérèse *Hannicque*,
dame d'*Omiécourt*, demeurant audit château, veuve
de noble Jean-Baptiste *de Bouteville*, conseiller
du roi, d'autre part ; sont convenus de terminer
ainsi qu'il suit la contestation survenue entre eux
au sujet des droits que feu le seigneur *de Bouteville* prétendait posséder comme cessionnaire de
l'abbé de Saint-Eloy de Noyon.

Le dit seigneur vicomte *d'Hervilly*, abandonne à
ladite dame *de Bouteville* tous les droits de seigneurie, de haute justice, voirie et chasse, à lui appartenant audit Omiécourt, Montroyant et Hyencourt-
Petit, ainsi qu'un moulin à blé, y situé et un surcens
de 50 livres sur un moulin à huile également situé
audit lieu, occupé par le nommé *Lagrange*. Ils
seront limités par le chemin de Chaulne à Montroyant
et la chaussée de Flandre, jusqu'au terroir de
Marchélepot, cela formera la limite pour l'exercice
de la chasse. Ledit seigneur vicomte *d'Hervilly* cède
également les mouvances féodales faisant partie de
la seigneurie de *Saint-Christ* qui se trouvent dans

l'étendue des terroirs d'Omiécourt et Hyencourt-Petit relevant du Roi, moyennant la somme de 15,000 livres.

Le prix principal de la première acquisition de cette seigneurie avait été de 85,000 livres. Elle avait été effectuée à la vente faite à la poursuite des créanciers de feu Michel-Ferdinand *d'Albert d'Ailly*, duc de Chaulnes, pair de France, et de Anne-Joseph *Bonnier*, sa veuve.

(Une partie de cette terre d'Omiécourt, comprenant le château, les dépendances, le jardin et neuf journaux de terre labourable fut vendue par ladite dame *de Bouteville,* quelques années après, au sieur François *Wachez*, propriétaire à Chaulnes et à Marie *Lesert*, sa femme, qui revendirent les bâtiments pour y établir une gendarmerie sous le Consulat).

EXTRAITS DE DIFFÉRENTS OUVRAGES

Dans l'*Histoire de Péronne* par M. *Dournel,* nous avons remarqué ce passage qui explique les attributions du *grenier à sel* dont il a été souvent question dans le cours de ce volume et celle d'autres charges également citées.

GRENIER A SEL.

Péronne possédait un établissement de ce nom qui avait été accordé aux habitants en 1398, par le roi Charles VI, et qui fut supprimé seulement en 1789. Il donnait à la ville le droit exclusif de la vente du sel pour toute la province. Cet impôt, appelé *gabelle,* variait d'après les temps, les souverains et les pays.

Il y était aussi attaché une juridiction royale établie pour juger, en première instance, des contestations ou contraventions qui survenaient au sujet de la gabelle.

Elle se composait, à Péronne, d'un président,

d'un grainetier, d'un contrôleur, d'un procureur et d'un greffier en chef.

D'Hozier avait donné pour armoiries aux officiers du grenier à sel les mêmes qu'au corps du bailliage : *D'azur, à trois fleurs de lys d'or, posées deux et une.*

TRAITES FORAINES.

On appelait ainsi un bureau établi pour prélever sur les marchandises les droits d'entrée et de sortie d'une province à une autre. Il était régi par un président, un procureur et un greffier. Cette Chambre était une juridiction sommaire, se rapportant au commerce de la ville et des étrangers, pour en connaître les demandes et contestations et recevoir les droits fixés par le tarif des cinq *grosses fermes* (*Recettes générales actuellement*) rédigées en 1664.

D'Hozier avait donné pour armes à ses officiers : *D'azur, à une bande palée d'argent et de gueules de six pièces.*

AIDES

Il existait aussi dans la ville un bureau des finances appelé *aides.* Le mot *aides,* signifiant sorte d'assistance pécuniaire que le vassal devait à son suze-

rain, fut appliqué jusqu'à Louis XIV comme terme
générique à tous les impôts en général.

Ce bureau, qui répondait à ce qu'on appelle de
nos jours *Recette particulière,* se composait d'un
directeur-général, d'un contrôleur et de plusieurs
officiers subalternes.

L'ÉLECTION.

Ce Tribunal, établi à Péronne, était une juridiction royale instituée pour connaître en première
instance de la plupart des matières civiles et criminelles, Cour souveraine créée au XIVe siècle,
par le roi *Jean-le-Bon,* pour juger, « en dernier ressort et en toute souveraineté, tous les procès civils
et criminels. »

Les élections avaient été ainsi nommées parce
que les élus ou magistrats qui les composaient
avaient été réellement élus par le peuple ou par les
Etats-Généraux. Après Jean-le-Bon, à partir de 1355,
ils furent nommés par le Roi et érigés en titre
d'office.

L'élection de Péronne se composait d'un président, d'un lieutenant, de cinq conseillers élus, d'un
procureur du Roy, d'un receveur ou trésorier et
d'un greffier.

Dans l'*Armorial* de d'Hozier, ce corps d'officiers
de l'élection de Péronne portait : *D'or, à une croix
d'azur, chargée d'une molette d'argent.*

MAYEUR.

Cette charge, qui fut abolie en 1789 et remplacée par celle de maire, avait une toute autre importance que cette dernière.

En effet, le pouvoir n'était pas alors divisé dans une ville entre le préfet, le maire, la magistrature et les autorités militaires, mais était concentré entre les seules mains de ce chef de la commune.

Le mayeur, à l'origine, avait mission d'assembler les bourgeois au son de la cloche et de les conduire en armes sous la bannière de la cité; il avait ainsi la haute direction de la *milice bourgeoise* (sorte de garde nationale), dont il nommait les officiers. Il commanda également longtemps toutes les troupes de la garnison, jusqu'à ce que les souverains eussent créé des gouverneurs pour les places fortes. En temps de guerre, il se faisait aider par un capitaine expérimenté, qui s'appelait *capitaine de ville*, et plus tard *lieutenant de Roy*, et auquel il confiait en garde la moitié des clefs de la ville, avec une rétribution de 48 livres.

Le mayeur portait une épée d'honneur, à poignée d'argent, qu'on lui remettait à son entrée en charge et qu'il donnait à son successeur.

Comme celui de plusieurs villes du royaume, le mayeur de Péronne acquérait la noblesse qu'il transmettait à ses descendants. On l'appelait *no-*

blesse municipale, d'échevinage, ou encore noblesse
à la cloche, parce que les officiers municipaux se
réunissaient au son de la cloche du beffroi.

Cette noblesse d'échevinage est si authentique,
nous dit La Roque, p. 138, qu'elle a été reconnue
par les députés de la noblesse de France, assemblée aux Etats-Généraux de Blois en 1588, et ad-
mise par lettres patentes du roi Henri III données
au même lieu en 1589. (Voir le *Traité de la noblesse et ses
différentes espèces*, par *de La Roque*, 1735.)

MM. *Dusevel, Goze, de La Fons-Mélicoq* et *Rem-
bault,* dans leur introduction des *Eglises, châteaux,
beffrois* et *monuments* les plus remarquables de la
Picardie et de l'Artois, p. 18 et 19, en parlant de
« cette noblesse *à la cloche* qui conservait les tra-
ditions de loyauté et de courage de ses ascendants,
sans avoir la morgue et l'esprit d'insubordination
de beaucoup de familles de haute chevalerie, »
ajoutent ceci : « Nous regarderons toujours comme
inexcusable l'omission de ceux qui ont écrit sur les
archives, la noblesse et la chevalerie de Picardie,
en ne mentionnant, parmi les familles nobles, que
celles qui ont été titrées. Ces écrivains superficiels
ne devaient pourtant pas ignorer qu'un titre ne
pouvait seul constituer le vrai gentilhomme. Car
la noblesse, due à la finance ou à d'autres causes
exceptionnelles, ne valait souvent pas celle de ces
hommes adonnés à d'honorables travaux et qui, ne
fréquentant pas la Cour, demeuraient purs de toute
corruption. »

Les nobles ou anoblis ne prenaient même parfois, paraît-il, aucun titre, surtout dans les petites
villes, comme Péronne où les priviléges étaient les
mêmes pour tous les citoyens, et où, vivant toujours entr'eux et s'alliant souvent dans les mêmes
familles bien connues pour leur ancienneté, il leur
semblait inutile d'en relever la valeur par des qualifications.

La Roque nous dit encore, p. 138: « Dans les villes,
les nobles ne participent pas aux charges comme
nobles, mais comme citoyens. C'est pourquoi ils ne
prenoient guère la qualité d'écuyers et s'arrêtoient
à celle de *cives* (*citoyen* ou *bourgeois*), à moins qu'ils
ne fussent chevaliers et hors le commun des nobles.
On remarque aussi, dans deux chartes de l'an 1284,
que les gentilshommes prenoient le titre de noble
et de bourgeois ensemble, et quelquefois celui de
bourgeois seul. (P. 225).

Plus tard, à Péronne, les membres de ces anciennes familles portaient souvent dans les actes
authentiques la qualification d'*honorables hommes*
ou le titre de *nobles hommes* que les uns abandonnèrent à la fin du XVIIIme siècle, et que d'autres
changèrent en celui d'*écuyers ;* notamment en se
pourvoyant d'une des charges qui donnaient droit à
ce titre, telles que conseiller, avocat du Roi et procureur du Roi aux élections, ou de conseiller et
secrétaire du Roi dans les Parlements.

Voici ce que le même *de La Roque* nous dit à ce
sujet :

« Le titre de noble homme et celui d'écuyer *équipollaient* (équivalaient) ; celui *d'honorable homme* signifiait plutôt bourgeois notable pourvu d'une charge honorifique. A présent, dit-il, page 217, les notaires et autres, qui agissent dans les affaires publiques, traitent plus ordinairement les officiers de justice du titre de *noble homme*, et les cavaliers et ceux qui font profession des armes du titre *d'écuyer ;* mais, quoi qu'il en soit, ils *équipollent.* »

Dans le *Dictionnaire historique* de *Chéruel,* on lit ceci : *Noble homme,*—titre que les nobles prenaient ordinairement dans les actes.

Cette sorte de noblesse figurait souvent aux assemblées et aux Etats-Généraux, ou en d'autres circonstances, dans les rangs du *Tiers-Etat,* en opposition à la noblesse *d'épée* ou de *chevalerie,* barons, comtes, etc., dont les membres représentaient la haute noblesse.

C'est tellement authentique qu'en 1789 on demanda, dans les cahiers de doléance, que les nobles ou anoblis, ou ceux jouissant du privilége de la noblesse, ne pussent plus siéger dans les rangs du *Tiers.*

En 1787, en effet, lors de la convocation des notables pour les Etats-Généraux, sur 144 députés, dont 27 étaient censés représenter le *Tiers,* 6 ou 7 seulement étaient en réalité *roturiers.*

Toutes ces vieilles familles de Péronne portaient aussi des armoiries dont l'usage était fort ancien et d'origine inconnue, comme le prouve le *Recueil* qu'en avait fait M. *Huet d'Hébécourt*, lieutenant criminel au bailliage, dans son curieux manuscrit déjà cité à la préface.

Il est aussi à remarquer que beaucoup d'elles, contrairement à la plupart de celles déjà nobles ou anoblies, qui prirent ou ajoutèrent à leur nom celui d'une seigneurie, conservèrent leur nom patronymique jusqu'aux derniers temps de la monarchie. C'est pour cette cause que fort peu d'entr'elles avaient la *particule* qui maintenant semble être exigée et même suffire pour faire présumer la noblesse.

Ce n'est cependant ni la particule ni les titres qui constituent cette dignité, mais l'ancienneté de la race, du nom, des armoiries, ou bien l'anoblissement octroyé par le souverain ou gagné par une de ces charges si nombreuses sous la monarchie ou sous le premier Empire. (*Histoire de Péronne*, p. 468.)

M. William *Maigne*, dans son *Abrégé de la science des armoiries*, nous donne sur ce sujet d'amples et concluants renseignements: « La particule *de*, nous dit-il, qu'on appelle particule nobiliaire, n'est pas une preuve de noblesse, mais fait simplement présumer la propriété d'une terre. Dès le siècle de Louis XIII, cette particule était devenue une sorte de qualification honorifique que l'on attribuait à toutes les personnes *honnêtes*, comme M. de Molière, M. de Corneille, M. de Voiture, tandis que les Molé, les Pasquier, les Séguier, les Brûlart, etc., ne se trouvaient pas moins bons gentilshommes ou anoblis bien qu'elle ne précédât pas leur nom. » (Page 413.)

« La noblesse, nous dit-il également (page 415), avec M. *de Barthélemy*, on ne le sait pas assez, quoique ce soit une vérité aussi banale que possible, est parfaitement indépendante des *titres*, qui ne sont, en quelque sorte, qu'un ornement, une décoration ajoutée à la noblesse même.

» Leur défaut n'empêche pas une famille d'être d'une aussi ancienne extraction que celle qui a été plus favorisée par la fortune ou par la faveur du prince. Il arrive même très souvent qu'une famille non titrée remonte à une époque beaucoup plus reculée que celle dont les membres s'attribuent les qualifications les plus ambitieuses. Et, d'un autre côté, sous le rapport des services rendus, son illustration peut être infiniment plus considérable. »

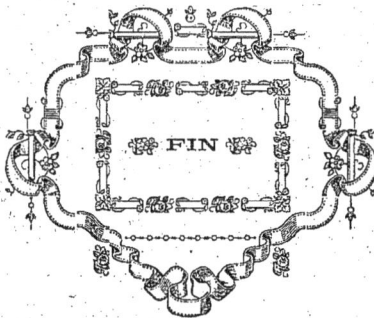

FIN

ADDITIONS & CORRECTIONS

CRAYON GÉNÉALOGIQUE DE LA FAMILLE
Vaillant de Bovent et de Brusle.
(Filiation en ligne directe jusqu'au chef actuel.)

ARMES : *De sable à trois têtes de mort de cimetière d'argent,*
l'écu surmonté d'une couronne de comte.

DEVISE : *Fortis ut mors.*

(C'est par erreur qu'à la page 35 elles sont indiquées *d'or à*
trois têtes de mort de sable.)

I. Jean VAILLANT, fils de Michel, marié à Marie *de Haussy* (1).

---

(1) *De Haussy* porte : *D'azur à une tour d'argent accostée de deux palmes*
d'or, et au chef de gueules chargé de trois étoiles d'argent.

D'Hozier lui donne : *De sable, à trois pals d'argent, et une foy (poignée) de*
carnation brochante en face sur le tout.

Cette famille est une des plus anciennes de Péronne et lui a donné plusieurs
mayeurs, entr'autres, le premier, Jean *de Haussy,* licencié en droit en 1567 ,
et le dernier en charge au moment de la Révolution en 1792. Elle porte le titre
d'écuyer depuis le siècle dernier et celui de baron pour la branche *de Robé-*
court depuis le premier Empire.

· Dont :

II. Antoine VAILLANT, né vers 1530, avait épousé : 1° Marguerite *Pouquelin ;* 2° Marguerite *Garin* (1).

Dont :

III. Claude VAILLANT, seigneur de Bovent, homme d'armes des ordonnances du Roi, marié à Marie *Vrenin*, 1587.

Dont :

IV. Antoine VAILLANT, seigneur de Bovent, avocat au bailliage de Péronne, marié à Marie *de La Marlière* (2), mayeur de Péronne de 1633 à 1635, mort en janvier 1635.

Dont :

V. Claude VAILLANT, seigneur de Bovent et d'Hervilly, conseiller du Roi en l'élection, lieutenant-général au gouvernement de Péronne, dix fois mayeur (3) de cette ville, de 1636 à 1665, décédé en 1708. Il était marié à Anne *Caurdin.*

---

(1) *Garin* portait : *D'or à une fasce de gueules chargée d'une merlette d'argent et accompagnée de trois trèfles de sinople.* (D'Hozier, *Flandre*.)

(2) *De La Marlière : D'argent à une bande de gueules, chargée de trois merlettes d'argent.* (Voir page 90.)

(3) Le mayeur était réélu tous les ans à la fête de la Saint-Jean, mais il ne pouvait rester en charge plus de trois années successives; après ce laps de temps, on en nommait un autre. Toujours il était choisi parmi les premières familles de la localité.

Le mayeur était élu par les habitants ; chaque année, il devait leur rendre compte de sa gestion devant les échevins assemblés. Il était également tenu d'aller en rendre compte au Roi. A Péronne, il jouissait de droits et de priviléges considérables. Il exerçait haute, moyenne et basse justice, même sur les soldats de la garnison. La haute justice s'exerçait sur les nobles et les ecclésiastiques ; la moyenne sur les roturiers et les mainmortables, pour les causes criminelles et les causes civiles dont l'amende était importante ; la basse, pour les mêmes causes, quand l'amende était inférieure. Ce droit dura jusqu'à la Révolution.

Dont :

VI. Claude-Marie-Louis VAILLANT, seigneur de Bovent et d'Hervilly, lieutenant-général au bailliage de Péronne, mayeur de cette ville, de 1711 à 1714, marié à Marie *de Postel de Proyart* (1).

Dont :

VII. Claude-Louis VAILLANT, écuyer, seigneur de Bovent et de Brusle, lieutenant-général au gouvernement de Péronne, puis receveur des tailles à Lons-le-Saulnier (Franche-Comté) et enfin secrétaire du Roi, contrôleur en la chancellerie du Parlement de Flandre, nommé en 1776. Il avait épousé Françoise *Le Tellier de Gisors*, fille de Claude *Le Tellier*, seigneur de Gisors et Grécourt, président au grenier à sel de Péronne, secrétaire du Roi en la chancellerie du Parlement de Flandre, et de Charlotte *Le Tellier de Grécourt* (2), native de Lihons, vivant en 1757, mariés en 1769.

Le dernier représentant de cette famille, M. *Le Tellier de Champieng de Curlu*, habite actuellement le château de Fargny, près Curlu (Somme).

Dont :

1° Claude, qui suit ;

2° Albert-Pierre, seigneur de Bovent, né à Lons-le-Saulnier, auteur de la seconde branche qui habite actuellement le Doubs et continue à s'appeler *Vaillant de Bovent*.

-----

(1) *De Postel de Proyart*. (Voir page 38 et planche IV.)

(2) *Le Tellier de Gisors*. (Voir page 26 et planche III.)

VIII. Claude-Marie-Barthelémy VAILLANT, écuyer, seigneur de Brusle, Fresnes, Mazancourt, Génermont, etc., lieutenant-général au bailliage de Péronne, marié en 1786 à Marie *de Viéville de Ham* (1).

Dont :

IX. Claude-Charles-Antoine VAILLANT, écuyer, seigneur de Brusle, Fresnes, né le 16 avril 1790, mousquetaire du Roi, épousa Olympe *de Blanchardon*, née en 1803.

Dont :

X. Paul-Marie-Armand VAILLANT DE BRUSLE, né le 18 janvier 1842, marié en 1867 à Caroline *des Fayères*, fille du comte *des Fayères*, chevalier de la Légion-d'Honneur, grand officier de l'Ordre de Constantinien des deux Siciles, commandeur de l'Ordre de Saint-Grégoire-le-Grand, ancien secrétaire d'ambassade (2).

Dont :

XI. René-Alexandre-Emile-Marie VAILLANT DE BRUSLE, né le 8 janvier 1870.

2° Edith *Vaillant de Brusle.*

---

(1) *De Viéville : Fascé d'or et d'azur de huit pièces, à trois annelets de gueules brochant sur les deux premières fasces.* (D'Hozier.)

(2) Mme *de Brusle* a deux sœurs : l'une est mariée à M. *de Girard de Chateauvieux*, l'autre a épousé le prince *de Ruffano-Brancaccio* demeurant en Italie.

TABLE

DES NOMS DE FAMILLE & SEIGNEURIES

FIN DE LA TABLE

ERRATA

Page 24. Deuxième ligne, *au lieu de :* 11 décembre 1822, *lisez :* 11 décembre 1622.

Page 86. Le nom *de Comble* s'écrit plus souvent *de Combles.*

Page 101. Le nom *Stappart* s'écrivait autrefois *Stappaert.* On voit, dans les *Annales de Lille,* un Jacques *Stappaert,* seigneur de La Haye, qui prête pour résidence à l'électeur de Cologne son château de La Haye, situé à Esquermes près Lille.

Page 109. *De Sailly.* Cette famille, éteinte à la fin du XVIIIe siècle, portait, selon *d'Hozier : D'argent au lion de gueules.*

Douai. — L. Dechristé, imprimeur breveté, rue Jean-de-Bologne, 1.

Pl I

DE BOUTEVILLE

(Armes anciennes)

Robert et Lepatu — Douai.

Pl. II

DE BOUTEVILLE

(Armes actuelles depuis 1696)

Robert et Lepage _ Douai

Pl. IV

ALLIANCES DE LA FAMILLE DE BOUTEVILLE

17. HANICQUE

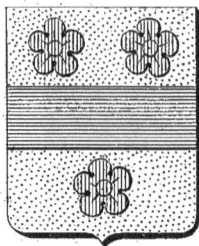

18. VAILLANT DE BOVENT

19. LINART D'AVELUY

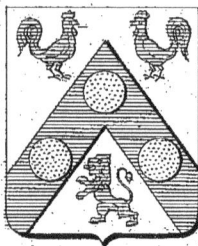

20. DE POSTEL

21. GAUDEFROY DU RIEZ

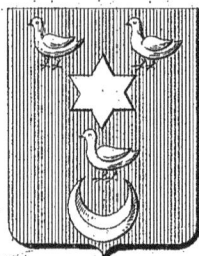

22. HONORÉ

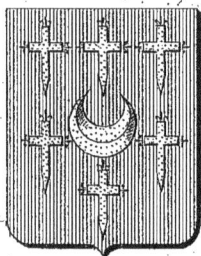

23. FORESTIER

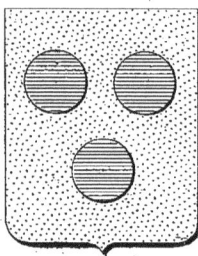

24. LALLART

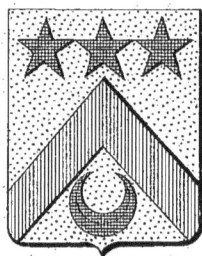

25. WATELET DE MESSANGE

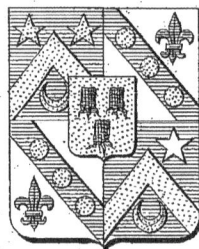

26. GHESQUIÈRES DE STRADIN

27. LE BOUCQ DE TERNAS

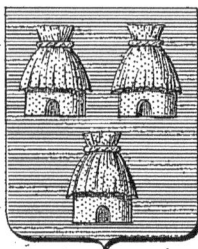

28. DU TOICT

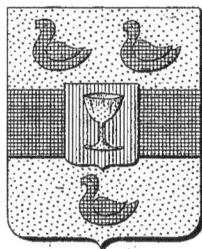

29. DE LANGRE

30. DE LA HAYE

31. DU BOS

32. BUTEUX

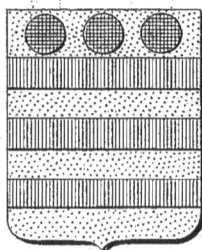

Robert et Lepage — Douai

Pl. V

Alliances de la Famille de Bouteville

33. du Mur
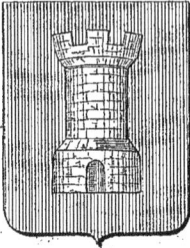

34. de Chef du Bois
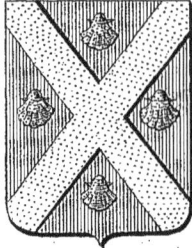

35. de Quelen

36. de Coetquenan
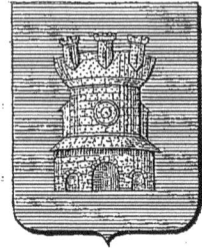

37. du Chastel
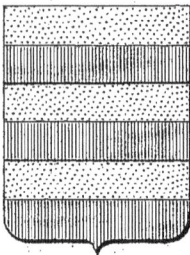

38. de Gal

39. Le Bigot

40. de Kérimerck

41. de Toutenoutre
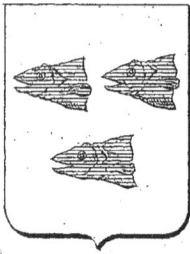

42. de Combout

43. de Rostrenen
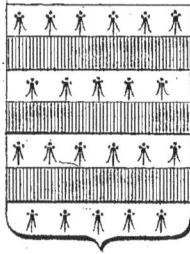

44. Le Jeune

45. de Carné
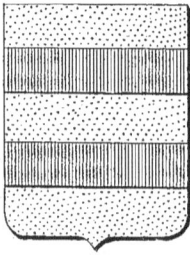

46. de Rosmadec
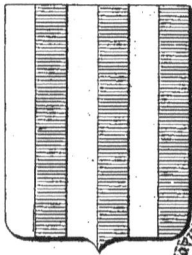

47. Parcevaux

48. de Goulaine
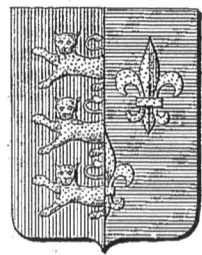

Robert et Lepage – Douai

Notice généalogique sur la

famille de Bonterville

(1885) 101

2° Imp 3 1868